SEX MODE

[LuciBooks]

Título original: Sex Mode: Mujeres en modo conquista
Autor: Luci Collantes

© 2010, Luci Collantes

LuciBooks
Artes de cubierta: Oscar Martínez Pichardo
Correcciones: Carlota Alonso Hernández

ISBN 13: 978-84-615-3121-9
Depósito Legal: M-30779-2011

Todos los derechos reservados. Bajo las sanciones establecidas por la ley, queda rigurosamente prohibida, sin autorización escrita de los titulares del *copyright*, la reproducción total o parcial de esta obra por cualquier medio o procedimiento, incluidos la reprografía y/o el tratamiento informático y/o digital, así como la distribución de ejemplares completos o de cualquiera de sus partes mediante alquiler, fotocopia o préstamo públicos.

La autora no se hace responsable del uso que se le de a la información contenida en esta obra, que tiene como único objeto el entretenimiento y en ningún caso constituye "consejo profesional" médico, psiquiátrico, terapéutico o de cualquier otro tipo.

SEX MODE
Mujeres en modo conquista

LUCI COLLANTES

[LuciBooks]

CONTENIDOS

Este libro está dedicado a mi madre,
maestra inigualable de seducción de masas.
Ella es la verdadera inspiradora de todo esto.

Y a mi padre, que se dejó seducir por ella.

Y a mis hijas, dignas nietas de ambos.

Agradecimientos

Este libro se hubiera escrito a pesar de todo y de todos, pero no sería el que es sin la ayuda de las personas que, de buena gana, han facilitado mi labor día a día de mil formas distintas.

Mi más profundo agradecimiento a Mónica Rodríguez Tanda, amiga personal y asesora técnica, que ha hecho todo tipo de papeles y maniobras para que este libro salga a la luz. A Elena Galván, Paloma Maestre y Antoine S. Llorens, mi *kit de emergencia*, por su ánimo y su apoyo incondicional en todo momento.

A SaraG, por seducir y dejarse seducir a diario por la vida en general y por Javier en particular (y a los dos por dejarme mirar). Por el mismo motivo, a Rita Tabárez y a su marido, Cacho Gallego. Por su apoyo y generosidad, no olvido a mi hermana Paloma Collantes ni a su marido, Juanjo Castro, cuyos consejos me siguen ayudando.

Mi agradecimiento sin límites a la pareja, seductora y seducida, formada por Julia de Valencia y Eugenio Villanueva por acogerme cada verano en su casa con toda la paciencia y el cariño del mundo. Un beso enorme, chicos.

A las increíbles mujeres de mi taller de lectura, *Tapas y Libros*, mi agradecimiento y cariño por su apoyo, risas, ánimo y gritos de excitación cuando leyeron el manuscrito. Este taller es la mejor risoterapia del mundo.

A las emprendedoras y generosas chicas de mi grupo *Andares*, Cari, Mercedes y Consuelo. Mientras yo escribía esto, ellas resolvían la trama de mi próxima novela (¡sin dejar de andar!).

También deseo expresar mi gratitud a mi grupo de escritura, *Cañas y Letras*, por haber aguantado que escribiera (y les leyera) de todo menos relato, y a Edi Cobas por su saber hacer periodístico.

Y desde luego no olvido a los hombres de mi vida por lo que me han enseñado, de buena o mala gana. En especial, al sueco de Nueva Zelanda por tantos motivos pasionales imprevistos.

Antes de empezar...

Este libro no tiene cerebro;
por favor, utiliza el tuyo.
LUCI COLLANTES

Ay, la seducción, el arte de conquistar... ¡cuántos ríos de tinta han corrido ya sobre este tema! Cuántos mitos y leyendas a su alrededor.

Cuánto misterio, arte y sofisticación: la reina de Saba, Cleopatra, Mata Hari, mi Malkovich (John), Helena de Troya, Madame Pompadour, Rodolfo Valentino, la divina y trágica Marilyn...

¿Dónde quedamos los simples mortales? ¿Estamos, acaso, condenados a nacer, crecer, reproducirnos y morir, sin más? ¿No está en nuestro destino jugar y disfrutar de nuestras conquistas?

La buena noticia es que, en este juego, podemos romper la baraja y sacar otra. Podemos reinventarnos el juego a nuestra conveniencia. Veamos qué pasa si cambiamos de perspectiva...

¿Y si la seducción se tratara, sencillamente, de un juego? ¿Y si más que trabajo duro y pose, baños de leche de cabra y horas en la cabina de masajes requiriese, en cambio, horas y horas de diversión? ¿Y si el juego de la conquista fuese simplemente una cuestión de actitud? Parece justo lo contrario de lo que nos imaginábamos, ¿no?

Piénsalo bien: ¿Y si la seducción consistiese en jugar alegremente y divertirse?

Alégrate, pues se trata básicamente de eso. Un juego en el que participar, desobedecer casi todas las reglas hace siglos establecidas y hacer que tu «contrincante» también se divierta. Además, la seducción tiene múltiples aplicaciones en la vida diaria, y todas son la mar de útiles. Disparará tu éxito personal, familiar y social, y te proporcionará un montón de beneficios colaterales.

Porque la conquista no tiene como objetivo ligarse a un chico; no. De lo que se trata es de conquistar a quien te propongas, a cualquiera con quien te tropieces o te relaciones. La gente en general, y no solo los hombres, se sentirá más contenta cuando tú estés allí.

Flirtear es algo natural en nosotras, el flirteo o coqueteo corre por nuestras venas desde tiempos inmemoriales.

Este summa artis está grabado en nuestra memoria genética, ya que lo desarrollamos por necesidad. Tuvimos que incorporarlo en su día a nuestro sistema básico de supervivencia en los lejanísimos tiempos de las cavernas, con el noble objetivo de evitar que nuestro hombre pensara en la poligamia como una posibilidad razonable. Había otras mujeres a disposición de nuestro chico, todas ellas sumisas y deseosas de tener la oportunidad de alegrarle las noches, curtir sus pieles y ser la madre de sus cachorros. En aquellos tiempos no existían las conversaciones inteligentes en la sobremesa, por lo que nuestra chispa tenía que destellar al margen de la brillantez de nuestro cerebro.

Por aquel entonces, las mujeres no pensábamos en realizarnos en lo personal y en lo profesional; ni en luchar por la igualdad de oportunidades, terminar con el hambre en el mundo o formar ONGs de amigos del medio ambiente. En aquellos tiempos nos bastaba con que no nos dejasen solas a merced del clima, los animales salvajes o las vecinas de caverna despiadadas (las suegras no eran tan longevas en aquella maldita época, así que casi no molestaban).

El coqueteo entonces no podía durar mucho –no había tiempo para tonterías– así que ni existía el cortejo casi. Te elegían y llorabas de agradecimiento; y luego te pasabas el resto de tu vida intentando proteger esa bendición por tu bien y, más adelante, por el bien de tu prole.

Si tenías la caverna calentita para cuando llegara tu Picapiedra, si curtías las pieles de los animales que cazaba, si eras obediente y, encima, eras capaz de hacer carantoñas o emitir gruñidos más atractivos que los de las otras chicas de la tribu, podías descansar tranquila durante cierto tiempo. Pero siempre atentas al peligro de la soledad por abandono. Y así toda la vida (que, por fortuna, en aquel entonces era cortísima).

Así vivimos durante mucho tiempo, muchísimo. Pero después de cientos de miles de eones llegaron, por fin, tiempos más propicios en los que se reconoció nuestra valía y atractivo natural. Incluso contaban con nosotras para el politiqueo en muchas civilizaciones avanzadísimas. Nos habíamos refinado y —como no somos tontas— supimos aprovechar bien nuestro momento, que fue en verdad estelar.

Por nosotras hombres grandes y poderosos cometieron grandes locuras:

El rey David mandó a la guerra al marido de la chica que le gustaba, haciendo que lo mataran. Su hijo, Salomón *el Sabio*, entregó su corazón, desatado y sin reservas, a la reina de Saba, algo que no había ofrecido antes a ninguna de sus otras cuatrocientas setenta y dos esposas (aunque corre el rumor de que fue por oro y por especias, y no por amor, que él escribió el Cantar de los Cantares). Julio César hizo el ridículo por Cleopatra (¡a su edad, por Dios!). Alejandro Magno se casó con Roxana, hija de un noble no macedonio, cosa que no gustó a su madre ni a sus amigos. El duque de Windsor renunció a la corona del Imperio Británico por la fea americana Wallis (de ahí el dicho de "Vales un imperio"). Y Haakon de Noruega puso a toda Europa en alerta roja al casarse con la plebeya Mette Maritt (o como se escriba), porque todos los retoños reales del continente decidieron seguir su ejemplo...

En fin, que se enfrentaron por nosotras a pueblos enteros, por no hablar de las batallas que libraron con las celosas mamás. Desafiaron leyes naturales y hereditarias, y escribieron poemas y cantares, hoy considerados clásicos de inmortal valía y belleza.

La mujer había subido un peldaño más hacia el lugar que le corresponde por ley divina. Y dispuesta a cualquier cosa por no volver a bajarlo, pero también arrastrada por su pasión, cometió otras locuras no menos grandes que las que habían cometido por ella.

Luego la cosa, por fortuna, se equilibró y ambos sexos se reconocieron con el mismo poder de atracción, un logro importantísimo en la historia de la Humanidad. El hombre se relajó un poco, las mujeres afinamos nuestras artes amatorias, y todos salimos ganando con ello. Debido al esfuerzo y concentración que invertimos en conseguir nuestros fines, ese arte de la seducción quedó grabado en nuestro ADN por siempre jamás, para beneficio de todos.

Es por ello que cuando cualquier mujer me dice que no sabe flirtear, lo que en realidad está diciendo es que no quiere hacerlo —por el extraño y escondido motivo que sea—, o que no recuerda que es un don ya natural en ella.

Pero el no saber flirtear no existe en el mundo de las mujeres, así que el asunto tiene siempre arreglo.

Cuando no recordamos cómo se hace, pensamos que para seducir se necesita un talento especial que no tenemos, lo que es absolutamente falso. El mito sobre el conjunto de cualidades venusianas *artificiales* que se requieren para seducir es ridículo. El talento para seducir lo tenemos todas, y aquí os recuerdo el cómo de esa nuestra natural cualidad.

Básicamente: si te relajas es casi imposible que des un *faux pas* en este asunto. Se trata de estar cómoda contigo misma en cualquier momento, por lo que cuanto más natural sea tu actitud, más fácil será que conectes con cualquiera con quien desees conectar. Piensa que, en realidad, la gente recuerda pocas veces lo que decimos, pero *siempre recuerda cómo la hemos hecho sentir.*

¿Hay algo que pueda gustarnos más a mujeres, hombres, niños, obispos o gatos que sentirnos el centro de atención de alguien? Es también, obligadamente, una actividad ligera y agradable, que durará el tiempo que deseemos y no entrará en profundidades que rompan la magia del momento.

La forma más acertada de contemplar el coqueteo es, quizás, como un intercambio juguetón de energías, algo casi electro-magnético.

Trata del lenguaje corporal y de ser "táctil" con alguien. Todo ello transmite a la otra persona el dato de que estás interesada en este alegre juego de la seducción con ella. Es algo magnético porque produce atracción sin necesidad de realizar ningún movimiento concreto o acto violento (a diferencia de la caza). El arte de la conquista eficaz es siempre sutil y juguetón. Y hace sentir al otro muy bien.

También es bueno para ti, y hay estudios que lo demuestran: las mujeres que coquetean con asiduidad tienen un mayor número de glóbulos blancos en sangre, más sentido del humor y tensión arterial más equilibrada. (Por no hablar del brillo de sus ojos, el donaire de su paso y la lozanía de su piel.)

Las mujeres utilizamos de forma natural y/o estudiada muchas señales en el coqueteo —aunque a veces no lo recuerdes—. ¡Algunos expertos han contabilizado hasta 52! Y los hombres, que son criaturas más simples (según dicen ellos), solo utilizan unas diez. Como ves, estamos llenas de ventajas.

Y claro que sí, la seducción, el arte de la conquista, tiene una funcionalidad muy práctica dentro del ámbito amoroso y de las relaciones que duren el tiempo que tú quieras. Que tampoco nos vamos a casar con todos, digo yo.

En cuanto a este terreno —que es el que nos ocupará a lo largo del libro— quiero que te hagas a la idea de que no se trata de buscar al hombre perfecto que te hará feliz el resto de tus días y tus noches. Entrar en el juego de la seducción o la conquista con el ojo puesto en esa meta es, precisamente, lo que tienes que evitar a toda costa. Con esa actitud y esas pretensiones repelerías a cualquier hombre con la misma eficacia que poniéndote ajo fresco en el escote.

Hay muchas pequeñeces que se nos escapan con facilidad a las que convendría que prestásemos atención. Por ejemplo, cuando nosotras queremos llegar a algo más que un simple intercambio de miradas, ¿sabías que uno de nuestros clásicos es el llamado "triángulo de seducción"? Es simplemente mirar al contrario a los ojos, luego bajar tu mirada hacia su boca y volver a los ojos otra vez. Ese gesto simple convierte el coqueteo en algo sexual.

Y la mayoría de las veces lo hacemos de manera inconsciente. ¿Qué tal si empezamos a recordar que nuestros actos son poderosos?

¿Y cuando queremos volver a seducir a esa mustia pareja con la que llevamos ya años de convivencia y con la que ya ni la lencería roja nos da resultados satisfactorios? También sabemos, y lo olvidamos, que si centras tu foco de atención en tu chico la mustia relación contará con un montón de energía nueva que la resucitará de forma milagrosa.

Prestarle a alguien toda tu atención es algo muy, muy atractivo y sexy. Y, en realidad, es la cosa más seductora que puedes hacer por tu pareja (en este caso concreto, evitaríamos hablar de niños, familia, amigos o trabajo; y no permitiríamos que lo hiciera él, desde luego). Haz la prueba durante una semana y me cuentas.

Habrás de adoptar como tuya propia la idea de que la actitud seductora por excelencia *es una actitud juguetona ante la vida en general,* y con respecto a cualquier persona o situación con la que te encuentres en un momento dado. Y se puede ser seductora con los hombres, las mujeres, los obispos y el resto de la fauna en general. Para ello, solo tienes que apreciar lo que ves y lo que tienes, interesarte de verdad por ello. Así de sencillo... y así de complicado.

Porque ese interés ha de ser genuino —se nota mucho si no lo es — y, a la vez, dicho interés no puede ser desesperado ni basarse en la necesidad de gustar, sino todo lo contrario: ha de ser un interés... Ummm... desinteresado. Esa es la expresión perfecta.

Hablaremos de ello más adelante, pero quédate con la idea, y relájate mientras recordamos un par de cosas.

♥ ♥ ♥

Idea Importante: No buscas al hombre perfecto que salve tu vida; estás buscando un montón de hombres estupendos e interesantes que harán de tu vida algo más divertido todavía. Y luego ya veremos. Al fin y al cabo, de lo que trata realmente *ir de conquistas* es de entender mejor a los hombres. Y para eso hay que conocer, tratar y disfrutar a muchos.

Veamos ahora qué piensan y qué quieren los varones de nuestra especie.

¡Ponte cómoda que empezamos!

Hay menos formas de hacer el amor de las que se dice y más de las que se piensa.

Sidonie Gabrielle COLETTE

Capítulo 1

Instinto básico

Todas nacemos con instintos básicos que, con toda lógica, vienen acompañados de fábrica con las habilidades necesarias para que esos instintos nos sean útiles. Si no, no serían instintos y mucho menos básicos.

El instinto de supervivencia, por ejemplo, viene dotado de habilidades para detectar el peligro (miedo y estrés) y poder luchar (fuerza física) o huir (rapidez de movimientos), según te parezca bien en cada caso. En situaciones de extrema necesidad sabemos robar impunemente e incluso matar, por poner un ejemplo.

Lo haríamos sin pensarlo dos veces si se tratara de defender nuestra vida o la vida de un hijo (no me atrevo a asegurar que lo haría por alguien más, pero nunca se sabe). Encontraríamos, porque las tenemos, las capacidades necesarias (cálculo, velocidad, fuerza y destreza) para trepar por un cocotero de corteza pelada si solo quedase eso a nuestro alcance como única posibilidad de no perecer de hambre en una isla desierta. Lo haríamos, con más o menos dificultad, aunque nunca hayamos trepado por un bonsai. Pero lo haríamos.

Y aun fumando dos cajetillas diarias de tabaco, seríamos capaces de atravesar el estrecho de Gibraltar a nado —y a toda prisa— si tuviésemos detrás de nosotros a un tiburón amenazando darle un mordisquito a nuestro precioso trasero. En la orilla del otro lado colapsaríamos nada más llegar, probablemente; pero llegar a esa orilla salvadora, llegaríamos.

Igual que nuestro instinto de supervivencia viene equipado de la forma más eficaz, también venimos de fábrica con un potente instinto básico de reproducción. Todo ello acompañado de las habilidades necesarias para propagar nuestra especie a costa de lo que sea.

Es cierto que este instinto no es –en apariencia– tan "urgente" como conseguir agua o alimento, o evitar a tiburones o mamuts que nos quieren para alimentarse ellos. Pero este instinto sagrado es igual de fuerte que el de sobrevivir; sobre todo para los varones de nuestra especie.

Para ellos no solo implica el riesgo de que se extinga la raza humana sino que –mucho peor– puede que sin ello pensáramos que habían dejado de *ser hombres*, según sus términos (que son muy particulares, todo hay que decirlo).

Así pues, las habilidades de cortejo las traemos también a este mundo por defecto. Más o menos desarrolladas, más o menos acusadas, pero llegamos a la edad adecuada –y a menudo, antes-- con nuestro equipo de trabajo en perfectas condiciones de uso.

Este libro es para aquellas mujeres que creen no recordar que ya tienen la habilidad de seducir o de encontrar la pareja que realmente desean. Para aquellas mujeres que han olvidado que seducir es un instinto básico en ellas. Para aquellas mujeres que han olvidado que nuestra verdadera madre es Afrodita y no Eva.

En este libro encontrarás los "recordatorios" adecuados de esas tus habilidades naturales, ya insertadas en tu sistema emocional y biológico pero que –por el motivo que sea-- no has permitido hasta ahora que emerjan a tu mente consciente (la menos consciente de todas las mentes, por cierto).

Según recorras estas páginas irás saltando de alegría en un interminable rosario de momentos "¡ajá!". Irás recordando y reconociendo todas y cada una de tus destrezas amatorias. Y las utilizarás para tu bien y el de todos los implicados.

¿SABÍAS QUE...?

Si sigues actuando de la misma forma en que lo has venido haciendo hasta ahora, seguirás obteniendo el mismo resultado. Es la ley natural, y es fiable. Si actúas sin ganas o no actúas, el resultado no te gustará. Será un resultado difuso; es decir, un resultado «por defecto» en lugar de por afecto. Pero si actúas de la forma adecuada y con una alegre disposición de ánimo, sabiendo lo que quieres, los resultados que obtendrás superarán tus expectativas más locas en cuestión de hombres.

Hay al menos mil millones de hombres que esperan a que los conquistes y que esperan conquistarte. Mira las cifras (las mías):

Seis mil quinientos millones de habitantes en el mundo, de los cuales vamos a suponer que estamos mitad y mitad (es aproximado). De entre ellos hay unos dos mil quinientos millones de género variado que no te interesan (niños, adolescentes, ancianos, curas y homosexuales). También hay dos mil millones de mujeres (que tampoco te interesan a estos efectos románticos). Nos quedan, por tanto, dos mil millones de hombres, de los cuales el cincuenta por ciento están solteros, separados, divorciados o en vías de estarlo.

Habitantes del mundo	+6.500.000.000
Mujeres	-2.000.000.000
Género variado (niños, curas, homos…)	-2.500.000.000
Hombres que quedan	=2.000.000.000
Casados/no disponibles	-1.000.000.000
HOMBRES DISPONIBLES	=1.000.000.000

Ahí tienes los mil millones de hombres disponibles. ¿No te parece una buena cantidad para elegir? A mí me parecen más que suficientes para pegarse un atracón. En serio.

Y estos mil millones de hombres que te esperan ahí fuera:

- ✔ Quieren enamorarse igual que tú.
- ✔ Se sentirán más atraídos hacia ti si tienes aspecto de ser feliz.
- ✔ Querrán conocerte si les miras unos segundos a los ojos, sonríes y luego desvías la mirada hacia otro lado.

- También quieren coquetear alegremente, pero temen hacerlo.
- Quieren sentirse atractivos e interesantes, exactamente igual que tú.
- Prefieren pensar que fue idea de ellos el seducirte y considerarte un premio.
- Sienten temor al rechazo en la misma medida que tú, y a veces más.
- Son tan tímidos e inseguros como tú misma (hasta que descubriste este libro).

Como ves, hay muchas, muchas cosas que se dan por sentadas y que están aún de pie.

Hay numerosos aspectos que todavía no se han demostrado científicamente porque nadie se ha molestado en hacerlo. Pero son una realidad irrefutable. Su conocimiento y adecuada puesta en práctica constituyen una ayuda inestimable para alcanzar los fines perseguidos en el arte de la conquista.

Por ejemplo, es importante saber —y tenerlo en cuenta— que:

- La gente feliz es y resulta mucho más atractiva que la que no lo es.
- Puedes sacarte mucho más partido realzando tus «activos» que escondiendo tus «pasivos».
- Hay ciertos colores por los que los hombres se sienten más atraídos.
- Una de las formas de conocer a algunos hombres interesantes es tener un perro.
- Un hombre se sentirá más atraído por ti si muestras un sincero interés por él (¡son humanos aunque a veces nos parezcan marcianos!).
- Con ciertos gestos atraes la atención de los hombres hacia tu cuerpo.
- Puedes descubrir las razones por las que un hombre quiere volver a verte.
- Puedes superar tu timidez y convertirte en una artista de la seducción.

Resulta esencial tener una idea clara de lo que para ti es realmente importante en un hombre y lo que no lo es. Si no tienes claro lo que deseas, nunca encontrarás lo que buscas.

Pero, ¡alto! Antes de hacer tu lista de lo que deseas con pelos y señales, es importante que sepas una cosa, y es que está más que probado que:

- Los hombres despampanantes, o considerados así por la mayoría —el clásico chico 10— están a menudo más interesados en sí mismos que en los demás (incluida tú). ¿Quieres eso? ¿O prefieres un chico 6-8 que te adore y adore estar contigo? No me gusta estar con un chico guapísimo que comprueba cada dos o tres minutos su aspecto en espejos y escaparates. De hecho, no vuelvo a salir con él.
- Los hombres tímidos e incluso los considerados «normalitos», también valen realmente el esfuerzo de conocerlos mejor. Las interacciones con estos hombres son a menudo más largas y fluidas que con aquellos que se la pasan observando su ombligo o su peinado en lugar de recrearse en los tuyos.
- Además, estos chicos «corrientes» están siempre más dispuestos a hacer un esfuerzo extra de entusiasmo (por ejemplo, en la cama) porque no esperan que caigas rendida a sus pies por su físico. Intentarán por todos los medios que lo hagas por otros motivos más divertidos y emocionantes que mirar su cara o su tipo. Déjate sorprender.

Por tanto, antes de ponerte manos a la obra con cualquier hombre o ente conquistable, ten presente que:

Tienes que saber lo que quieres y lo que no quieres en un hombre antes de irte de conquistas (¡qué bien suena, casi tanto como ir de compras!). Muchas mujeres se lanzan alegremente a hacerlo y acaban por quedarse con el primero que las invita a un café. Es bueno para ti —muy bueno, de hecho— saber lo más exactamente posible quién merece y quién no merece tu tiempo y tu energía. Así que... ¡tendrás que salir con un montón de ellos para averiguarlo!

Piensa también en otro hecho incontestable: ¿Te gustan a ti todos los hombres que ves? Seguro que no. Bueno, pues a ellos les pasa lo mismo que a nosotras: hay mujeres que les gustan y otras que no tanto (a pesar de lo que diga la leyenda). Es sólo cuestión de química, y no puedes forzarlo. Así que, **nunca te tomes como algo personal** que los hombres no vayan tirándose a tus pies por la calle.

Una vez tengas estas dos ideas claras, te será mucho más fácil y relajado salir por ahí y empezar a divertirte de verdad. ¡¡Seduce y disfruta!!

> Idea Importante: No es nada personal contra ti si no les gustas a todos; es química no controlada ni controlable. Si un chico que te gusta no siente atracción por ti, no te sientas frustrada ni dolida; ¡pasa al siguiente! (Y sigue jugando.)

TRABAJO DE CAMPO: El cofre de tus tesoros.

Coge papel y lápiz y haz una lista de al menos 10 cosas que te gusten de tu físico y con las que estés satisfecha (ya sé, ya sé, pero tienes al menos diez, como todo el mundo). Piensa, piensa...

Ahora haz una lista de al menos otras 10 cosas que te gustan de tu personalidad y de tu forma de actuar (y sí, aquí también hay al menos diez cualidades que te gustan de ti). Búscalas hasta que las encuentres y apúntalas.

Una tercera y última lista de cosas varias que consideras mejorables de tu persona. Pero esta lista *solo* puede constar de cuatro puntos, ni uno más.

Y cuando la tengas hecha, decide qué podrías hacer *si quisieras*, qué te agradaría hacer, para ir mejorando esos puntos. Si quieres, empieza a hacerlo esta misma semana, pero sin machacarte. (Puedes repartir estas «contravirtudes» como quieras: una física y tres de personalidad; dos de forma de actuar, una física y otra de personalidad, etc).

> Acción Importante: Repasa tan a menudo como quieras tus 20 orgullos de las listas 1 y 2 saltándote la lista 3 a la torera. Ya no necesitas recordarte las contra-virtudes; te las sabes de memoria y las vas a mejorar.

Capítulo 2

¿Por qué seducir?

(¿Y por qué no?)

La asignatura ***Conquista*** (qué menos que a nivel de iniciación) debería ser una asignatura obligatoria en todos los colegios e institutos públicos y privados de nuestro planeta. Y por lo menos a lo largo de toda la tristísima y enfermiza edad de la adolescencia. Aunque más vale tarde que nunca, soy una defensora contumaz de la idea de que habría que llegar a la universidad con esa asignatura ya cursada y aprobada con notable.

Pero como no es así, valientemente has decidido aprender ahora el arte de la conquista... Bueno, ¡pues bienvenida al grupo de mujeres interesantes! El mero hecho de que quieras re-aprender este juego para practicarlo de forma consciente e inteligente, te convierte en un ser muy especial. Recordarás y te divertirás.

Empezaremos por el principio.

¿Qué es lo que quieres?

¿Qué es lo que de verdad estás buscando?

Parece una tontería pero para que des con ello primero has de saber lo que buscas con claridad meridiana (o casi). *Más importante* que el hecho de desear tu encuentro con el chico perfecto, es el hecho de descubrir cuál es en concreto el *tipo* de chico que consideras perfecto *para ti*.

> —¿Quieres decirme, por favor, qué camino debo tomar para salir de aquí? —preguntó Alicia
> —Eso depende mucho de a dónde quieras ir —respondió el Gato.
> —Poco me preocupa a dónde ir —dijo Alicia.
> —Entonces, poco importa el camino que tomes —le dijo el Gato.
>
> (Lewis Carroll, *Alicia en el País de las Maravillas*)

Veamos cómo puedes empezar a aclarar tus ideas al respecto.

¿Quieres conquistar a un chico en particular por el que estás loca hace tiempo? ¿Quieres casarte (¡!) pero no encuentras al hombre adecuado para ser el padre de tus hijos? ¿Quieres, simplemente, divertirte y saberte atractiva y sexy para un montón de hombres, y que luego sea lo que Dios quiera?

Creo que todo el asunto del romance y la conquista debería empezar por ese último apunte: divertirte y saberte atractiva es la base, como verás por todas partes en este libro.

He de decirte —y lo lamento— que no vale eso de "encontrar el hombre de mi vida", "mi media naranja", "don Ideal"... Tampoco vale lo de "alguien que me complete" (todos estamos enteros ya). Lo que tienes que saber es qué significa para ti *don Ideal*. Sea el hombre de tu vida para siempre jamás o sea, sencillamente, un futuro sorpresa, es conveniente que sepas cuáles son las cualidades que deseas en él.

¿Qué es aceptable para ti? ¿Qué consideras deseable? ¿Qué cualidades no son negociables para ti en un hombre?

A menudo vamos por ahí sabiendo lo que no queremos con tal exactitud que da miedo, pero raramente nos ponemos a descubrir —y decidir— qué queremos de verdad. El "no esto, y no aquello, y no lo de más allá" no sirve. Cambia la perspectiva y dí, en cambio, "sí esto, sí aquello y también sí lo de más allá". Y señálalo con el dedo.

Cuando vas a un restaurante no te sientas y le dices al camarero: “No quiero filete de pollo ni ensalada César y mucho menos patatas fritas”. Tampoco se te ocurre decirle: “Quiero comida”.

No, lo que haces es sentarte, leer la carta de lo que tienen y elegir *tú* lo que quieres comer. Y si no tienen nada que te apetezca, *te levantas y te vas*. No esperes nunca a que el camarero o el Cosmos adivinen tus apetencias del día (no lo harán).

Saber lo que deseas en un hombre y “pedirlo” merece tu tiempo y esfuerzo; no es como un filete o una ensalada César. Si te comes un hombre es como cuando te comes unas angulas de las de verdad verdaderas: por el precio que hay que pagar, vale la pena que te gusten y te sienten bien.

Así que, *haz la lista*. Decide, y proponte seriamente, tomar las riendas de tu vida romántica ahora mismo. No importa tu condición, peso o edad. Como irás descubriendo en este libro, eso no es tan crítico como pensabas. En realidad, la supuesta perfección está sobrevalorada. Y pasada de moda.

Pero lo que sí es crítico,
fundamental, primordial
y del todo imprescindible,
es que sepas qué quieres,
y tomes la decisión de ir a por ello.

Harás, también, todo lo necesario y deseable para conseguirlo porque, en el peor de los casos (que no lo encuentres en las primeras citas), con esta disposición de ánimo, siempre te divertirás. ¡Y eso que llevas ganado!

Aquí he de introducir una observación importante: tus objetivos son absolutamente modificables. Es decir, lo que consideras hoy una prioridad puede ser secundario mañana, así que, en principio, debes identificar lo que *ahora* resulta importante en tu vida. Eso sí, procura que la vida activa de tu deseo tenga cierta perdurabilidad para no llegar al agotamiento. No obstante, el sistema de prueba-error siempre es un estupendo método de aprendizaje. Que para algo se inventaron las cobayas, digo yo.

Y una vez que tengas una idea más o menos clara de lo que quieres, haces el borrador (que luego se puede ir "afinando" el pedido).

Sea lo que sea lo que te hace dormir mal, trabajar sin rendir o estar mustia y de mal humor, puedes empezar a solucionarlo siguiendo los consejos de este sensato manual. Porque no se trata de nadie de ahí fuera; se trata *de ti*.

VOLVER A "QUEDAR"

Si has estado hasta ahora fuera del mundo de la conquista, las citas románticas y la seducción; o si hace siglos que no celebras un San Valentín en compañía sexy ni has coqueteado siquiera, ya es hora de que vuelvas al terreno de juego. Te diré cómo, cuándo, dónde y con quién.

Te diré también cómo animar a ese chico que te gusta a que se acerque, a que te vuelva a llamar. Sabrás lo que *debes* hacer y lo que *no deberías* hacer bajo ninguna circunstancia en las primeras citas. Te convertirás, si quieres, en un objeto de deseo para cualquier chico magnífico. Todo ello con la ventaja de que, mientras tanto, te puedes dar de cara con don Ideal.

Hoy día, como hemos visto antes, hay más hombres disponibles en nuestro planeta que nunca antes en toda la historia de la Humanidad. En este instante, hay a tu disposición millones de hombres estupendos –y libres– repartidos por todo el globo terráqueo, entre los que puedes elegir alegremente el que más te guste.

Por suerte, todo tiene su aspecto positivo, y hay que mirarlo desde ese punto de vista. Aunque es tristísima la cantidad salvaje que se dan ahora de divorcios y rupturas —y sigue en aumento—, es eso mismo lo que pone a tu disposición una gran variedad y cantidad de varones de toda edad y condición. Y de entre esa gran variedad y cantidad, puedes elegir los ejemplares que más te gusten.

Una de las ventajas de estos tiempos modernos es que ahora existen lugares y formas de conocer gente que en tiempos de nuestras madres o abuelas no existían: gimnasios (la abuela Tere no iba a ninguno), actos culturales (reservados anteriormente para papá en el Casino), cafés (copa y puro para el abuelo), librerías, eventos deportivos (a veces tendrás que hacer algún sacrificio e ir a un partido), etc.

Y, por supuesto, el espacio más habitado de todos: **Internet**. Y no estoy exagerando nada: en el momento en que escribo esto me dan el dato de que *Facebook* es el tercer "país" del mundo en número de habitantes, solo por detrás de China e India. ¿Qué te parece?¿Te haces idea de lo que eso significa?

Todos esos sitios están llenos, abarrotados, de inocentes y magníficas criaturas del sexo contrario que, *como tú*, desean encontrar el amor, la diversión y la felicidad. (Amén)

Pero te lo advierto: con sólo leer este libro no será suficiente. Leerlo no hará el milagro si no pones tú el deseo y la acción. Es exactamente igual que con las cremas *anticelulitis*: no funcionan con sólo comprarlas, te tienes que masajear los muslos con ellas.

> Recuerda: Decide lo que quieres en el chico de tu vida. Sé específica y sincera contigo misma y con tu deseo. No pases por alto ninguna cualidad que sea importante para ti.

TRABAJO DE CAMPO:

Con este divertido juego-ejercicio te ayudarás a descubrir unos resultados que te sorprenderán agradable y enormemente (para tu beneficio). Y cuando encuentres a tu chico, lo reconocerás de inmediato.

Te aconsejo que busques un rincón tranquilo donde sepas que no te va a interrumpir nadie durante al menos media hora. Y... ¡manos a la obra!

- Coge papel y boli. Escribe, sin importar el orden y sin pararte a pensar, cien (sí, sí, 100) cosas que te gustaría que tuviera tu chico. No seas tímida, pide y pide. No pienses, escribe. Si te quedas atascada, sigue de todas formas con lo que se te venga a la cabeza, aunque te parezcan tonterías: color de calcetines, timbre de voz, tipo de zapatos, forma de la nariz, fortuna, color de pelo, número de yates a su nombre, cuántos idiomas te gustaría que hablase... Todo, hasta llegar a 100.

- Luego repasa la lista y, ahora sí, numera del 1 al 100 todas esas cualidades que habías escrito. Ponlas por orden de importancia **para ti** (no para mamá ni para tu grupo de amigas íntimas, sino *para ti*).

- Vuelve a repasarla todas las veces que quieras, cambia el orden, revisa de nuevo hasta que te sientas cómoda con todas esas cualidades que pides en ese chico especial. Léela a menudo, familiarízate con esa lista y con lo que contiene.

Porque...

Voilá! Ese es el tipo de chico que quieres.

Ahora, empieza a pensar en él. Hazlo a menudo; por ejemplo, mientras te pones las medias. (Y cuando te laves los dientes, y cuando te estés arreglando las uñas, y cuando mires la hora, y cuando estés haciendo la declaración de la renta...)

Acción Importante: Piensa, piensa... ¡¡Piensa en él!!

Capítulo 3

El arte de conquistar

Me gusta pensar en las palabras *flirtear*, *conquistar* y *seducir* como algo que forma parte intrínseca del ser humano, aunque no siempre seamos conscientes de ello. Pero es algo en lo que, por desgracia, no siempre somos maestras cuando llegamos a la edad de merecer (salvo afortunadas excepciones).

La buena noticia es que todas podemos llegar a un nivel de habilidad muy, pero que muy decente, en cualquier momento.

Cuando éramos muy jovencitas, casi adolescentes, las menos espabiladas escuchábamos, con arrobo y terror a partes iguales, a esas amigas más avispadas que ya habían dado el primer paso: el beso en los labios. Eso era considerado un nivel avanzado en la asignatura ***Chicos.*** Y cuando alguna llegaba a los besos de tornillo o tocamientos íntimos quedaba registrada en nuestro ADN como diosa del sexo y maestra de maestras en las artes amatorias.

Las revistas femeninas que rodaban por casa también ayudaban a confundir un poco más nuestras atormentadas mentes. Después de arrancar las recetas de cocina y de mascarillas de pepino y huevo para una piel tersa, nuestras madres —ya seducidas y casadas por regla general— dejaban el resto de la información en cualquier rincón de la casa, de donde las rescatábamos con feroz apetito de conocimientos. Ante nuestros ojos y en nuestras cabezas flotaban palabras y expresiones que nos inquietaban y nos incitaban a seguir investigando: un «francés», el «misionero», el extranjerísimo y excitante *blow job*... ¡Guau!

Un día, finalmente, llega nuestra hora y entramos en ese mundo maravilloso y desconocido de las citas y las relaciones con los chicos. Y descubrimos de primera mano —y para nuestro desespero— que ese es un mundo incierto y que las relaciones románticas son complicadas. Siempre.

Pero míralo desde el punto de vista de Pollyana (el más práctico, en realidad): no importa cuántas veces hayamos fallado, el resultado siempre es positivo, aunque en ese momento estemos lejos de considerarlo así.

Porque cada vez que algo no resulta como esperamos, sabemos más cosas que *no queremos hacer* y, sobre todo, más cosas que *no queremos que nos hagan.*

¿No es fantástico todo lo que han sentido tantas veces por nosotras antes de que nos rompieran el corazón algunas de ellas? ¿Por qué recordar solo los momentos en los que nos lo destrozaron si han sido muchas más las veces que nos lo han hecho cantar? (Y las que te rondaré, morena). Sospecho que existe una cierta vena «masoca» que nos impulsa a apreciar esas penas y a grabarlas, a fuego y con todo cariño, en el apartado «quereres» de nuestra magnífica memoria. Que para eso sí que la tenemos buena. En fin, habrá que revisar ese asunto también.

En realidad, los hombres son fantásticos, aunque a veces se porten mal. Cuanto antes nos hagamos a esa idea, mejor. Al fin y al cabo, nosotras también nos hemos portado mal muchas veces (aunque sin querer, claro).

Creo que lo mejor que podemos hacer por nosotras mismas y por nuestro brillante futuro amoroso es decidir que, *pase lo que pase*, saldremos ahí afuera a disfrutar de los hombres. Aprenderemos el arte de la conquista, el verdadero arte de la seducción. Faltaría más.

NUESTRA VENA MASOCA

Y ahora voy a jugar a ser adivina: ¿A que siempre te comparas con la más alta, la más rubia, la de los ojos más azules, la más exitosa, la de tetas más grandes y la de las piernas más largas? ¿Y a que nunca sales victoriosa tú? ¡Ja!

Claro, siendo tú solo una, nunca ganas. Es imposible. Porque no te comparas con una sola mujer, sino con diez o doce. Sé sincera: siempre te las arreglas para colocar el listón lo más alto posible *en todos los campos* en que te crees en desventaja.

Deja de flagelarte: si tú no tienes los ojos de zafiro de Pili, piensa que Pili no tiene tus ojos de azabache. Y ya está. Podemos evitar de forma deliberada este tipo de auto-terrorismo y considerar el arte de la conquista un conjunto de habilidades, un *summa artis* que puede recordarse. Y, una vez relajadas, nuestro instinto hará el resto. Es algo así como volver a montar en bicicleta o hacer el amor después de una larga parada. En cuanto nos ponemos a ello, lo recordamos; nuestro instinto se ocupa de que así sea. (Ysiempre se ocupará.)

Si recuerdas esto te sentirás menos «desfavorecida» y más esperanzada. Todo es cuestión de actitud (y esto vale para todas las áreas de tu vida, que lo sepas).

Jugando a las comparaciones nunca ganas tú, siempre ganan las otras diez a las que haces participar en el juego.

(que, por cierto, no es nada divertido, no sé por qué le tenemos tanta afición).

Eso le hace una pupa innecesaria y terrible a tu autoestima. ¿Por qué no decidirnos a quitarle hierro al asunto y a considerar el arte de la conquista un conjunto de habilidades a nuestro alcance? Como tal, es algo que podemos adquirir fácilmente porque, en realidad, es un arte que solo tenemos que «recordar», como ya he dicho unas cuantas veces. Nacimos con él.

Y para recordarlo sólo es necesario interiorizar y practicar nuestro potencial seductor, que acabará convirtiéndose en un hecho irrefutable y natural. No te encierres a romperte la cabeza y a enumerar todas las situaciones que tienes en contra para alcanzar ese estado de gracia que parece inaccesible. ¡¡Sal y vive!!

Si tienes tu propia vida, y si esta es interesante para ti, la vives con pasión y te diviertes, tienes casi todo el camino recorrido. Al menos, tienes lo más difícil resuelto: a estas alturas ya sabes lo que te gusta. Y sacarás partido de ello.

Recuerdo una situación que viene al caso: Una vez me gustó mucho, por la razón que fuera (todas son válidas pero no recuerdo aquélla), un hombre tímido y poco imaginativo (que los hay, no quiero engañarte). Y por supuesto llegó lo inevitable: el momento en que me sentó en su coche, me miró arrobado y rompió el encanto preguntándome: «¿Qué podemos hacer hoy?». Si yo no hubiera tenido planes alternativos para estas ocasiones, me hubiera quedado lívida, con la mente en blanco como él y se hubiera estropeado la cita sin remedio. ¡Es una situación horrible!

Todas preferimos mil veces a nuestro lado un hombre interesante que nos diga: "¿Te gustaría...?" (plan fantástico), o "Prefieres que vayamos a...?" (otro plan estupendo). O mejor todavía: "He decidido darte una sorpresa. Cierra los ojos hasta que yo te diga que los abras". Y te da una sorpresa de verdad. (¡Jo!)

Pero tienes que tener en cuenta que quizás no siempre sea así. Y por ello lo mejor será que tú tengas en reserva montones de planes B; cosas que te gusta hacer y que podrías proponerle. Por tu bien y por el de tu cita.

(Y esto sirve también para planes con amigos, sobrinos, mascotas y visitantes de compromiso)

Olvida ya a esa *Barbie* de características fantasiosas y ve a por la mujer que tú sabes que eres. Sácala fuera para que el mundo la pueda conocer y disfrutar.

ALGUNAS COSAS QUE TE HARÁN IRRESISTIBLE PARA ELLOS

Si incorporas a tu vida —y practicas— estas cosillas, te garantizo que muy pronto te encontrarás quedando con más hombres de los que puedes manejar. ¡Espero que me lo cuentes!

Sal de casa. Lo primero es lo primero: no puedes atraer a un hombre si no puede encontrarte por ningún lado, así que tienes que dejar esa costumbre de las reuniones en casas ajenas con tu grupo habitual de amigos y salir al mundo. Sé que puede parecer atemorizador y que muchas veces es mucho más cómodo mantenerte dentro de tu pequeña y confortable burbuja. Pero el premio que hay en juego vale la pena y merece el riesgo. Así que, ponte los tacones y deja de quejarte. Muévete.

Cuando salgas, sal con estilo. Si quieres realmente atraer a un hombre, puede que necesites "animar" un poco tu apariencia. Y no lo digo por la razón que estás pensando. Te recomiendo un atuendo de colores alegres y tejido airoso no solo para que vuelvan la cabeza para mirarte (que lo harán) sino por la forma en que ello te hará sentir *a ti*. Cuando vas lo mejor que puedes ir tu ánimo cambia por completo y, por lo tanto, tu actitud. Cuando te sientes orgullosa de tu aspecto tu postura es más erguida, te sientes más confiada y sonríes a todo el mundo. Incluso es posible que te atrevas a entablar conversación con algún desconocido. Y esa energía es muy, muy atractiva para *ellos*.

Cuando andes por la calle, pasea. ¿Te has fijado en cómo andamos en las grandes ciudades? Caminamos deprisa, con la cabeza baja y mirando al suelo o las piernas de la persona que va delante de nosotros. Vamos lo más rápido posible hacia nuestro destino, sea éste el que sea.

No hay ninguna posibilidad de hacer contacto visual en esas condiciones. Los hombros hacia atrás, la cabeza alta, la postura erguida, un paso moderado (nunca muy rápido) y los brazos ondulando ligeramente a tus costados estarán hablando de tu confianza y diciendo que estás abierta a cualquier posibilidad agradable. Mira a los que pasan a tu alrededor; empezarás a notar cómo ellos te miran a ti. (Fuera los cascos del iPod.)

Sé tu propio anuncio de alegría. Cuando la vida—tu vida en especial— te produce excitación, se nota. Y eso *toca* a los que pasan a tu lado.

Borra de tu cara el cansancio, la ironía y el desencanto que pudieras sentir en un momento dado y proponte irradiar la energía más positiva y amable que tienes dentro. Los hombres están mucho más dispuestos a acercarse a mujeres que sonríen, ríen y están interesadas en lo que les rodea que a aquellas que tienen un semblante serio o preocupado o se pasan el día quejándose y suspirando.

Sé consciente de tu lenguaje corporal. Puede que te sorprenda saber que solo el 8% de la comunicación directa es verbal y el 92% restante es lenguaje corporal. Es decir, muy literalmente *tu postura y tu expresión hablan más alto que tus palabras*.

Si un hombre se fija en ti desde el otro lado del restaurante y tú estás con los brazos cruzados delante del pecho, él está recibiendo la señal inconsciente que envías con ese gesto: "Cuidado, manténte lejos; no estoy disponible. Y, además, no quiero estarlo".

Pero si tu postura es relajada y tus hombros están hacia atrás, estás mostrando agrado y disponibilidad para esas posibilidades de las que hablábamos antes. Y eso crea una conexión no consciente.

Deja que se acerque echándole un cable al que pueda agarrarse. Cuando un hombre quiera conocerte, buscará cualquier excusa que haya sobre la tierra para propiciar una conversación y romper el hielo. *Pero en esos primeros momentos se sentirá inseguro.*

Por eso, cualquier ayuda que le brindes para que pueda hacerlo será muy bien recibida: desde una camiseta con una leyenda simpática ("Olvídalo, no podrías mantenerme") hasta unas medias con miles de caperucitas rojas y lobos feroces estampados en ellas (no descubrí este apoyo potencial hasta que un hombre en el aeropuerto de Alicante me miró las piernas, atónito y sonriente, y luego hizo un comentario muy simpático sobre su envoltura).

Haz que se sienta importante. Supongo que a estas alturas ya sabes que a los hombres les encanta sentir que son importantes, útiles o que su opinión es valiosa (¿y a quién no, en realidad?) .

Puedes intentar romper el hielo con el próximo hombre que te mire preguntándole una dirección, un buen restaurante o discoteca de moda; o incluso pedirle un lápiz para apuntar algo, aunque sea inventado por ti en ese momento (además, ¡un lápiz puede venir bien por si os intercambiáis el número de teléfono!). Y eso no es hacer el primer movimiento, que quede claro.

Un pequeño cumplido te puede llevar muy lejos. Una de las necesidades más básicas, común a todo ser humano, es saberse aceptado. Por esa razón cuando alguien nos hace un cumplido puede alegrarnos un día entero.

A menudo, cuando un hombre acumula el coraje suficiente para acercarse a nosotras empezará con una pequeña charla y esperará algún tipo de señal por nuestra parte que estamos interesadas antes de arriesgarse al siguiente movimiento: pedirnos una cita.

Un pequeño cumplido, sincero y ofrecido con amabilidad puede ser esa luz verde que él está esperando. Por supuesto nada de aludir a su culo, su coche o su magnífico trabajo, pues puede llevarlo a conclusiones erróneas sobre los motivos de nuestro interés por él.

Afloja tu perfeccionismo y ríete. Todo el mundo –y quiero decir *todo el mundo*–, se pone nervioso y se siente inseguro en sus primeras citas con alguien a quien no conocen.

Y cuando estás nerviosa probablemente no llegarás a la cita tan absoluta y perfectamente impecable como desearías. Pero eso es bueno, porque él también estará nervioso y es posible que te lo encuentres con los calcetines desparejados o con los zapatos cambiados de pie (es una exageración, desde luego, pero él tampoco aparecerá tan perfecto como cuando no está nervioso).

Lo creas o no, una de las formas más rápidas de que el sexo opuesto simpatice contigo es dejando que eche un vistazo ligero a tu vulnerabilidad. Esto les permite saber que está bien que bajen un poquito la guardia ellos mismos. (Por favor, no estalles en lágrimas o abras en canal tu corazón delante de él; solo un vistazo rápido, ya me entiendes). Si te ríes de la situación en la que hayas metido la pata —si lo has hecho, que tampoco es obligatorio—, él reirá también y pensará que eres encantadora, no torpe.

Recuerda: Los errores nos permiten discriminar cada vez con mayor acierto. De cada uno de ellos aprendemos más cosas que *NO hay que hacer* y que *NO queremos que nos hagan*. ¿Por qué ese empeño en destacar lo mejor de los demás y lo peor de una misma? Eres estupenda. Y punto pelota.

Capítulo 4

Verdades irrefutables sobre los hombres... Y algunas cosillas sobre nosotras

Supongo que no estarías leyéndome si no te interesara aprender algo más de lo que ya sabes acerca de qué hay en la cabeza de los hombres: qué estrategias o comportamientos son los más efectivos en una cita con ellos (si te interesan). En resumen: cómo puedes y debes relacionarte con los hombres de forma que —llegado el caso— tu conexión con uno o varios de ellos se afiance cada vez más. Sin perder de vista tu punto de destino, debes enfocarte, principalmente, en disfrutar del viaje. Porque es lo importante de verdad.

¡CÓMO SOMOS!

Es de todos sabido que las mujeres dedicamos mucho más tiempo y energía que los hombres a afinar nuestras relaciones sociales y personales.

Mientras los hombres están tan contentos cuando parece que "las cosas andan bien", las mujeres queremos mejorar la relación. Siempre. Incluso cuando ésta parece "andar bien" todas queremos que ande todavía mejor.

Las mujeres no estamos casi nunca satisfechas con la relación que tenemos con nuestra pareja, ya sea ésta solo un ligue, nuestro churri, marido o concubino formal. Es así y no podemos cambiar nuestro ADN, así que saquemos partido de ello.

No hay nada malo en querer mejorar tus habilidades para relacionarte con los hombres. ¡Todo lo contrario! Te estás haciendo un favor a ti misma (te divertirás más) y les estás haciendo un favor a los hombres de tu vida (se divertirán contigo). Comprometiéndote con esta mejora, toda la raza humana sale ganando. Por lo tanto, la decisión que has tomado de conocer mejor a los hombres y amarlos como son, no solo es importante: es absolutamente necesaria para la prosperidad de nuestro planeta.

¡Dentro de poco conocerás como la palma de tu mano el mapa del tesoro! Y te aseguro que te divertirás una barbaridad durante este viaje.

¿Y CÓMO EMPECÉ YO CON TODO ESTO?

En cuanto a mí, te contaré que después de 20 ó 30 veces de quedar con el corazón destrozado, se me ocurrió preguntarme si no estaría haciendo algo mal.

Uuuummm... ¡Qué raro! Con lo lista que soy y lo bien que llevo todos mis asuntos... ¿Seguro que no eran ellos, los hombres de mi vida, los que estaban al revés y totalmente equivocados?

Como hay que tenerlo todo en cuenta, me consoló momentáneamente recordar el hecho de que yo por entonces era una chica chapada a la antigua, de esas que aprenden a ser complacientes y a poner a todos por delante de mí. Eso, milagrosamente, arrojaba a los hombres a mis pies... durante un par de citas. Luego, resultaban ser todos iguales: desaparecían sin dejar rastro. ¡Pero qué mal educados!

Apartando de mi cabeza la inconcebible idea de que yo no estaba en el camino correcto, decidí que lo estaba haciendo bien... pero que quizás, sólo quizás, lo podía hacer mejor. Y tomé la decisión irrevocable de estudiar este asunto en profundidad.

Así que empecé a estudiar el arte de conocer la mente masculina. Probaba, tomaba notas, me volvían a romper el corazón, y seguía probando y tomando notas y rompiendo corazones.

Y llegó el día en que no me rompieron el corazón y, lo que es casi mejor, ¡no necesité romper yo ninguno en justa venganza! (que es una trabajera cansina y tediosa). Uf, qué alivio, poder dejar de planificar cómo machacar a un varón por lo que otro me había machacado a mí. (Si el asunto hubiera seguido como hasta entonces hubiera acabado con todos los hombres del planeta Tierra, estoy segura).

A partir de ese punto sueco de inflexión en mi vida amorosa que se llamaba Peter, decidí que todas teníais que saber lo que yo había descubierto: jugar divirtiéndome, coquetear alegremente con hombres estupendos y, llegado el caso, comprometerme sin miedo, manipulaciones agotadoras, agobios ni empleo de técnicas avanzadas de caza y pesca.

¡¡El futuro era mío!!

Tengo que deciros que, por supuesto, ha habido también otros muchos varones encantadores que me han dado información privilegiada (y gratis), contestando a mis inquietantes preguntas:

"¿Es cierto que tenéis alergia al compromiso?", "¿Sólo piensas en sexo cuando me miras, o también escuchas lo que digo?", "¿Creéis en el amor a primera vista o tenemos que pasar muchas veces por delante de vosotros antes de que caigáis rendidos?" "¿Es cierto que también vosotros os ponéis nerviosos ante la perspectiva de una cita?", "¿Qué lugar ocupa exactamente el sexo para ti en una relación estable?", "¿Y el fútbol?", "¿No sentís nunca las ganas de abrazarnos espontáneamente como deseáis abrazar a Ronaldinho cuando mete un gol, o es que las reprimís?"... Y así seguí, incasable, mi labor detectivesca.

Estos hombres encantadores han compartido conmigo generosamente su sabiduría sobre sí mismos, así como sus miedos y sus anhelos en este terreno lodoso del romance.

Los hombres –si no se sienten presionados por tus ansias de apoderarte de su intimidad y les preguntas alegremente– pueden ser muy, muy abiertos y comunicativos. ¡Qué sorpresa!

Algunas cosas que aprendí por experiencia propia y de otras mujeres, y por la ya mencionada generosidad de amigos varones, me dejaron muy sorprendida. Me preguntaba seriamente si sería cierto que hablamos distintos idiomas, aunque seamos incluso del mismo país. ¿Sería verdad lo de Marte y Venus? Así mismo.

VERDADES VERDADERAS SOBRE LOS HOMBRES

Creo que este es un buen momento para revelarte ciertas verdades irrefutables sobre los varones de nuestra especie, que puede que te sorprendan.

✔ Verdad nº 1: Los hombres quieren sentirse necesarios.

Ellos quieren tener un lugar en tu vida y sentir tu aprecio cuando pueden ayudarte en algo, casi lo que sea. Adoran hacer cosas por y para ti porque una de sus grandes alegrías es verte satisfecha y contenta por culpa de ellos. Por eso, a veces, los chicos consideran algo menos atractivas (y algo amenazadoras) a las mujeres *absolutamente* independientes que a las aparentemente más indefensas: quieren sentir que están contribuyendo a que tu vida sea todavía mejor de lo que ya es. Aquí no parecen estar todos *totalmente* de acuerdo, así que lo mejor sería que probaras las dos posturas, a ver con cuál estáis más cómodos ambos.

✔ Verdad nº 2: Los hombres quieren (y necesitan) sentirse respetados.

Los chicos odian sentirse disminuidos (castrados) cuando una mujer intenta hacerlo todo por y para ellos. Una de las cosas que más irrita a los hombres (a excepción de los muy desequilibrados, que los hay) es que les estén planificando la vida a cada momento. Aunque puede que no sean muy buenos ni imaginativos haciendo planes, preferirán casi siempre a una mujer que acepte una vida algo más desorganizada que a otra que se haga cargo de toda la "logística" de pareja (y luego se lo echen en cara). Si te acostumbras al papel de madre con tu parejo, él lo aceptará... ¡Pero acabará por comportarse como el hijo tonto que has adoptado! (Y tu vida romántica se irá al garete aunque no lo haga tu matrimonio.)

✔ **Verdad nº 3: Los hombres quieren ser admirados.**

Hay algo en la mirada de una mujer que brilla al contemplarlo con deseo que hace que el hombre se enamore un poco más de ella. *La pérdida de ese brillo en la mirada femenina es una gran pérdida en toda relación.*

Aun cuando todas podemos —y, de hecho, lo hacemos— admirar a un hombre cuando estamos en el paroxismo del enamoramiento, es difícil mantener dicha admiración (hay que reconocerlo) a ese mismo nivel altísimo cuando oímos sus gruñidos matutinos, se olvida de recogerte para ir de visita a casa de tus padres, o presenciamos pasmadas la forma infantilísima en que reacciona durante discusiones o conversaciones que no quiere tener (aunque he de reconocer que mi mirada sigue brillando cuando observo a mi John Malkovich en la situación que sea; no lo puedo evitar, siempre hay excepciones).

Uno de los mayores retos que lanza una relación es, precisamente, mantener encendida esa luz en tu mirada. Sin ella, tu hombre se sentirá miserable y desgraciado en grado sumo, animalico. (Y tú te aburrirás soberanamente.)

✔ **Verdad nº 4: Los hombres quieren sentirse deseados.**

Una amiga de mis tías paternas —a quien todas las mujeres de su círculo envidian en secreto— siempre dice que, con un hombre, hay que ser una señora en la mesa y una puta en la cama, y que no hay más trucos para un feliz matrimonio. No solo lleva felicísimamente casada más de cincuenta años, sino que tiene enamoriscados a los maridos de todas las otras del grupo de amigas. (Y en su caso, es el marido el que tiene *ese brillo* en los ojos cuando la mira). Esta buena mujer tiene más de ochenta años. No sé si es simplificar demasiado, pero ahí queda el dato.

✔ **Verdad nº 5: Los hombres adoran seducir y sentirse seducidos.**

Aunque por lo general lo hacen con más torpeza que nosotras, a los hombres también les gusta mucho jugar a esto de la conquista. Traen de fábrica el gen del placer, la apuesta y la caza. Todo ese cóctel molotov en su ADN produce en ellos los deseos irresistibles de salir ahí fuera y hacerse con la pieza, como ya sabes. Lo que no sabíamos con certeza —y ahora sabemos— es que también les gusta que los conquistemos y adoran nuestros métodos para hacerlo (unos más que otros, claro).

✔ **Verdad nº 6: Los hombres también pueden ser terriblemente sensibles.**

Y emocionales, incluso, *pero no están diseñados genéticamente para comunicarlo.* Al menos con espontaneidad y sin que les demos mucho la lata para que lo hagan.

Reconozcámoslo, el don de las confesiones sinceras es casi exclusivamente patrimonio femenino, pero se puede mejorar este asunto hasta niveles que no creías posibles.

✔ **Verdad nº 7: Los hombres apuestan por el sentido del humor.**

El sentido del humor de los hombres no suele ser especialmente acertado, y hay gracias que les hacen matarse de risa y que a nosotras nos parecen burdas, tontas o incluso groseras (les apasionan, por ejemplo, los chistes marrones). Pero también es cierto que aprecian de verdad el sentido del humor de las féminas, mucho más fino, como ya sabes. Hazle reír y ríete mucho con él (si puedes, hazlo sinceramente).

✔ **Verdad nº 8: Los hombres adoran sentirse sorprendidos.**

En cuestiones románticas, a los hombres les encanta lo impredecible. En contra de lo que a veces pretende aparentar, el hombre odia la rutina en el terreno amoroso (ya tienen bastante en su trabajo, y les está bien) y adora las sorpresas (que odian en su trabajo). Mantén un equilibrio en este asunto y él agradecerá tu participación imaginativa en vuestro romance.

✔ **Verdad nº 9: Los hombres también lloran y necesitan sentirse escuchados.**

Este campo de minas personales has de manejarlo con sumo cuidado pues es altamente explosivo. Tanto si son sinceros como si no lo son, en el fondo son estrategias victimistas aprendidas en brazos de mamá.

¿En qué se diferencia una madre italiana de una madre española? La madre italiana le dice a su hijo:
"Si no te comes eso te mato", y la madre española le dice al suyo:
"Si no te comes eso me muero."

Por lo tanto, para ellos es perfectamente aceptable utilizar esas técnicas en beneficio propio para salirse con la suya. Aunque también hay que reconocer que no lo hacen a menudo (excepto los castrados y desequilibrados, que las alternan con las estrategias de gritar furiosos y rechazar tus acercamientos cuando les dices no a algo que quieren y que habían planeado tener).

✔ **Verdad nº 10: Los hombres quieren sentirse adulados.**

Como tú, como yo, como ésa... Pero ¡ojo!, maneja con cuidado los halagos y cuando los repartas que sean siempre sinceros y comedidos, sobre todo en público. Odian que los pongamos en evidencia, aunque sea para bien. Sobre todo si se trata de "asuntos personales" (las dudas sobre sus atributos físicos los mata, para que lo sepas).

¿A que no habías caído en algunas de esas aparentes tonterías? Como todas las mujeres hartas de darse cabezazos contra la pared, tendrías unas ideas muy distintas acerca de los chicos. Casi con seguridad, vamos.

Supongo que, básicamente, coincidirían con mis antiguas creencias, y serían algo parecido a: "Los hombres solo quieren sexo", "Los hombres quieren tener al lado una chica espectacular que puedan exhibir", "Los hombres temen comprometerse", "Los hombres están formados por pene y ego a partes iguales"... Y el clásico de todas las generaciones: "¡Todos los hombres son iguales!", como resumen de tu impotencia en los mil intentos que has hecho por entenderlos y apreciarlos. Parecen haberse estancado en la adolescencia tozuda, allá por los trece años.

Y luego, de sorpresa en sorpresa, un día nos enteramos de que *casi* todos los hombres *también crecen*.

Aunque los varones de nuestra especie (la elegida, recuérdalo) llevarán siempre dentro de sí a ese adolescente fascinado por los bombonazos imposibles, la mayoría de ellos son unos hombres normales y encantadores que quieren, en su momento, tener una pareja y una familia con la que disfrutar —y en la que refugiarse— después de estar ahí fuera luchando con el terrible cotidiano. Vamos, exactamente igual que tú.

Si esto te parece difícil de creer, échales un vistazo a las estadísticas oficiales. Verás que la grandísima mayoría de los hombres llegará a casarse al menos una vez en la vida, si no lo ha hecho ya. Según nuestras cuentas, si hay mil millones de hombres libres a nuestra disposición porque se han divorciado o se han quedado viudos es porque el 98% de ellos *ya se han casado al menos esa vez*. No falla.

Si quieres ser el tipo de mujer que inspira a un hombre a comprometerse para un amor duradero, céntrate en cultivar las destrezas y habilidades adecuadas. Son tuyas, solo tienes que desempolvarlas y sacarlas de nuevo a la luz.

Hazme caso y te alegrarás. Sé de lo que hablo. Casi sin darme cuenta llegué a un punto en que fui capaz de hablar con los hombres con absoluta naturalidad y preguntarles cosas que, según ellos, ninguna novia se había atrevido a preguntarles jamás.

¡¡Y me confesaron haber disfrutado mucho compartiendo todas esas conversaciones conmigo!!

¿Por qué?, les pregunté. Y resultó que no habían tenido antes la oportunidad de hablar tan libremente, incluso ni en sus

relaciones más íntimas, pues se sentían sometidos a presión. Ya que, en ese tipo de conversaciones, lo que les estamos preguntando en realidad es: "¿Soy la única?¿Para siempre jamás?". Los enfrentamos a una elección definitiva, a renunciar a otros mil millones de posibilidades. Y eso los mata, créeme (es que a mí me pasa lo mismo, ¡por eso los entiendo!).

Después de tantos sufrimientos debidos a lo poco comunicativos que fueron muchos de mis chicos... ¡me había convertido en una experta descarada que sabía sacar información del "enemigo"! Información que, con mucho gusto, comparto aquí contigo. De hecho, de eso se trata este libro: ¡es información privilegiada sobre el contrario! Moneda de curso legal. Para tu beneficio y el de todos los seres vivos.

Capítulo 5

Entendiendo a los hombres: El mapa

LA CABEZA DEL VARÓN

¿Por qué parece tan difícil entender a los hombres? Ellos responden a esta pregunta diciendo que lo cierto es que no son tan difíciles de entender, que son muy simples... ¡Si sólo supiésemos cómo piensan!

Muchas mujeres nos torturamos (bueno, casi todas) intentando comprender a los hombres, cuando en realidad *el problema es que asumimos que los hombres piensan igual que las mujeres,* por el hecho irrefutable de que son humanos como nosotras. Y no es cierto (el que piensen igual, digo). Mujeres y hombres somos, en nuestra forma de pensar —y en muchas más cosas—, muy diferentes unas de otros.

Así que, se acabó. En este laboratorio de hombres, los estudiaremos a fondo y acabarás sabiendo cómo piensan. Incluso aprenderás a pensar como ellos... en ciertos momentos y circunstancias.

No es tan difícil, en serio. Si reflexionamos un poco, hay muchas cosas que podemos deducir fácilmente. ¿Qué te gusta a ti? Posiblemente, a él le gusten cosas parecidas, en versión masculina.

Por ejemplo, si te gusta que te abran la puerta del coche, deja que lo haga; estará encantado. Si te gusta que te retire la silla de la mesa para que puedas sentarte más cómodamente, o que te ayude a ponerte el abrigo cuando vais a salir, deja que lo haga. Él se sentirá caballeroso y agradecido de que le permitas serlo contigo. *Por que a él le gusta sentirse así.*

Ya sabes cómo odiamos que un hombre nos aprecie únicamente por nuestro físico.

¿Cómo te sientes —aparte de un poco envidiosa, eso no cuenta— cuando hablan de "unas buenas peras" o un "culo impresionante" refiriéndose a alguna representante de nuestro sexo?

Nos hace sentir que quieren estar con nosotras por lo que *tenemos* o *representamos* en lugar de por lo que *somos*. A ellos les pasa igual, por ejemplo, cuando creen que nuestro interés está en su dinero, en su coche o, incluso, en su *tamaño* (aunque de esto se sienten especialmente orgullosos siempre, sean fantasía o no los famosos veinte centímetros).

Pero una vez aclarado el hecho de que el peso del intelecto y los interiores es infinitamente superior al de nuestro físico, debe quedar igualmente claro que el protocolo de toda buena relación debe incluir, sin excepción, el piropeo bien aplicado a nuestra condición de mujer deseada y deseable. Que una cosa no quita la otra, faltaría más.

Tómate tu espacio y deja que él tenga el suyo. Te sorprendería saber cuán poco acostumbrados están los hombres a que su chica les desee con voz alegre una buena tarde de fútbol con los amigos. Y lo apreciarán hasta un punto que ni te imaginas, porque la mayoría de las mujeres se enfadan cuando su pareja sale para "una tarde de chicos". Te echará de menos un montón cuando no esté contigo, en vez de echarte de más cuanto estéis juntos.

(La puesta en práctica de este punto exige, a menudo, un proceso previo de autocontrol y contención que te recomiendo practiques con otro objetivo de menor relevancia. Por ejemplo, deséale un buen día al portero cuando disimula un repentino cometido ante la perspectiva de coger tus bolsas de la compra).

- Cuando un hombre quiere estar solo no significa que no te quiera. Significa, simplemente, lo creas o no, que *quiere estar solo*. Si quisiera que fueras con él a donde sea que vaya a ir esa tarde, te habría invitado. Así que no le preguntes si puedes acompañarlo. Créeme, *no quiere*. ¡Son así de simples, encanto! Haz tu propio plan y disfrútalo.

- Todo hombre quiere sentir que su chica es un premio (y a ti te gustará sentirte así). Deja que luche por ello y te gane. ¿Sabes por qué la mayoría de los hombres no se atreven a expresar sus sentimientos al principio de la relación? No es porque sean crueles, distantes, poco afectivos o deseen hacerse los duros (los hay, pero no son la generalidad). Es porque ellos necesitan sentir que son queridos y/o deseados (tanto como nosotras) antes de dar el paso siguiente. Igual que nosotras.

  Aunque no lo parezcan, casi todos padecen de terribles inseguridades en este campo, y hasta que no sienten el cinturón de seguridad bien ajustado, no se ponen en marcha. Mamá nunca se cansó de insistirles en esto.

- Los hombres también necesitan (como nos) que se les hagan cumplidos; son inseguros por naturaleza en el terreno amoroso, ya te lo he dicho.

  Sin palabras alentadoras y de ánimo por tu parte se sienten inquietos, nerviosos y, en proporción directa, cada vez más reacios a aventurarse en la "cuerda floja": *dejarte saber qué sienten por ti* (si no sintieran nada ya se habrían ido, igual que tú).

  La forma de acelerar este proceso es que los alientes sinceramente y sin grandes alharacas (ellos no necesitan flores ni bombones, solo unas palabras escuetas en el momento oportuno).

Los chicos necesitan saber que sus sentimientos son correspondidos por ti. Las relaciones más felices son aquellas en las que ambos miembros de la pareja dejan que el otro sepa exactamente cuánto les importa —en todo momento.

Aunque en una relación que empieza —en especial durante la etapa de la atracción y paroxismo— no es apropiado hacerlo verbalmente. Por ejemplo, decirle de forma directa que es sexy y que lo deseas allí mismo. Desde luego que eso lo registrará para contarlo en el futuro a sus amigos, pero... tú ya no estarás allí.

TRES SECRETOS REVELADOS

Unos hombres le dan más importancia a unas cosas que a otras, es cierto, pero en lo que han resultado coincidir todos es en estas tres importantes revelaciones, sin excepción:

"Cuando estoy disgustado soy muy sensible al tono de voz. Cómo me dice mi mujer las cosas es más importante en esos momentos que lo que me está diciendo".

La mayoría de las mujeres nos enfocamos en *el contenido* de una conversación cuando ellos están enfadados. Los hombres no. Aunque están prestando atención a lo que tú dices, la forma en que lo dices es más importante para ellos cuando están disgustados. Cuando estáis discutiendo tú puedes maldecir, gritar, insultar, llorar o lo que sea... Y el tono que eso implica lleva en muchísimas ocasiones a una ruptura (de la conversación o de la relación, pero una ruptura) *porque él no puede oírte cuando tu tono es demasiado intenso.*

Por supuesto que puede que se merezca que lo maldigas y lo insultes, y si es así ¡adelante! Pero recuerda que *cuanta más intensa es la emoción que está sintiendo tu hombre, más sensible es a tu tono de voz* (y esta información es válida también –como beneficio añadido– para otras situaciones; por ejemplo, para cuando estáis en la cama).

"No siempre sé cómo me siento. Por eso es por lo que no se lo digo a mi novia."

Los hombres reconocen tener una habilidad que la mayoría de las mujeres no podemos entender: pueden acallar sus sentimientos con bastante facilidad. De hecho, la mayor parte del tiempo *no están sintiendo nada* (y cito literalmente). A un hombre le supone un gran esfuerzo "sentir" tal y como lo entendemos las mujeres.

Si quieres saber lo que un hombre está sintiendo, hazle esta pregunta: "¿Qué piensas acerca de...?". No conseguirás una respuesta emocional del estilo de las que te darían tus amigas, pero es más fácil para él empezar compartiendo sus pensamientos que entrar revelando directamente sus sentimientos.

Y atentas al siguiente secreto desvelado; no tiene desperdicio:

"Si hago una cosa y digo lo contrario, fíate de mis acciones. Ellas son las que siempre te dirán lo que hay de verdad en mi corazón".

Al parecer, no son tan simples como dicen... Siento decirte que lo de arriba es totalmente cierto. Las palabras no significan para los hombres tanto como para las mujeres. ¿La razón? Los hombres tienden a decir lo que creen... en ese mismo momento. Lo que no significa que vayan a creer la misma cosa pasadas cinco horas.

Puesto que los hombres no están en contacto directo con sus sentimientos a menudo, cuando lo hacen son muy susceptibles y se sienten muy vulnerables. Si en un momento dado se sienten románticos, puede que te hagan una promesa que ellos hacen sinceramente en ese momento. Sin embargo, puede que no la cumplan una vez que el sentimiento romántico se evapora (por ejemplo, terminado el abrazo amoroso). No está bien, y ciertamente no es muy maduro por su parte este comportamiento, pero es lo que los hombres hacen.

ⓘ Es cuando un hombre hace de forma consistente las mismas cosas, cuando una mujer debería confiar en sus intenciones. En la práctica, no es tan importante el que un hombre diga cosas bonitas como que sus actos sean acordes a lo que dicen (aunque nos gusten las palabras bonitas).

Recuerda...

- Aprecia algo en todos los hombres que conozcas
- Permíteles ser caballerosos contigo
- No te ofrezcas a acompañarlo a la ferretería si no te lo ha pedido
- Hazles algún cumplido sin violentarlos (flores, diamantes y bombones quedan prohibidos)
- No le digas que lo encuentras sexy en las primeras citas: se asustará
- Haz que se sienta especial para ti

TRABAJO DE CAMPO

Este es un juego divertido: Aprovecha cualquier rato que estés en la calle (andando, en el metro, en el autobús, en una tienda) para fijarte deliberadamente *y apreciar* cualquier cualidad que te guste de los hombres con los que te cruces. Pueden ser unos bonitos zapatos como una simpática sonrisa, una forma airosa de andar, unas gafas que le sientan bien aunque sea feo según tus criterios...

Haz este ejercicio a diario durante un rato y notarás cómo los hombres te empiezan a mirar también de forma apreciativa y descarada (lo cual es muy sexy y te hace sentir genial).

Capítulo 6

Cosas que damos por sentadas... Y que están aún de pie

Además de saber que son especiales y atractivos a tus ojos, los hombres quieren un poquito de misterio en ti y, a la vez, saberlo todo. ¿Un lío?

No necesariamente. Veámoslo despacio.

Hay muchos mitos y leyendas sobre los hombres (tranquila, también sobre nosotras, ¡y ahora mismo hay cientos de miles de hombres estudiándonos!). Los damos por ciertos y, en realidad, no lo son. Nos conviene desmitificar a los hombres, pues

siempre impresiona mucho menos un hombre de carne y hueso que una leyenda viviente, no lo olvides.

Los mitos lían la realidad de forma parecida a las telas de araña; tejen las diferentes posibilidades y pseudo-realidades de forma que parezca el asunto un dogma de fe. Y, así, su apariencia nos engaña (como todas las apariencias) y, sin examinarlas, damos por buenas y verdaderas ciertas leyendas que nunca lo fueron (no tan verdaderas, al menos).

Empecemos con los mitos más conocidos hasta el momento:

`Los hombres no escuchan.` Esto es algo absolutamente incierto. Los hombres escuchan siempre, tienen dos orejas como nosotras. Aunque las suyas, quizás, estén abocadas por genética y evolución a escuchar resultados de fútbol, sexo o Bolsa.

Fuera de bromas, con un hombre sano puedes hablar con toda franqueza y comodidad de cualquier tema que, hasta ahora, parecía ser patrimonio femenino. Sólo tienes que descubrir el mejor momento y lugar que, como nosotras, también prefieren.

Les encanta conocernos más y mejor, pero probablemente ellos no sean capaces de llegar a nuestro nivel de detalle, ni aprecien de forma consciente el interés de esas nimiedades que, como todas nuestras amigas saben, son vitales. Por tanto, puedes —y debes— mantener conversaciones sinceras e interesantes, siempre que no exijas en todo momento un orador altamente cualificado: detallista, incansable y capaz de hilar una conversación con otra sin perder el aliento...

Pero no te guardes todas esas cosas para ti sola porque le encantará compartirlas y encontrarás en él curiosidad, comprensión, interés, conocimiento y mucha diversión. De veras.

`Los hombres no tienen sentimientos.` Otro mito. Si no tuvieran sentimientos no estarían asustados ni a la defensiva cuando nosotras queremos hablar de "en qué punto de la relación estamos realmente", por ejemplo. Si no tuvieran sentimientos no tendrían miedo a relacionarse con nosotras. Otra cosa es que no los compartan contigo en la primera ocasión que se presente. Todo lleva su tiempo y su arte, ya lo sabes. Pero está comprobado, social y científicamente, que los hombres tienen también sentimientos.

Los hombres siempre quieren tener la razón. Esto es un malentendido. No es que quieran tener siempre la razón, es que están seguros, sin un atisbo de duda, de que están en su posesión. Pero incluso sobre esto se puede llegar a entendimiento con ellos. Se llama negociar o, más vulgarmente, "toma y daca".

Los hombres le dan mucha importancia al físico. En la misma medida en que se lo damos tú y yo, sí. Es cierto que ellos se separan de sus ojos cuando ven una mujer bandera, pero cuando los recuperan no es con ella con quien quieren estar cenando en casa: prefieren estar contigo. Las mujeres bandera habitan espacios oníricos y fantasiosos, por regla general. Pero cuando aparecen en el mundo real masculino están, por lo general, habituadas a vivir pendientes de su físico casi exclusivamente, sometiendo a sus acompañantes a mucha presión. Y tú y yo sabemos que **la presión es lo que menos gusta a los hombres**. Vamos, que consideran la presión cero sexy y agresiva, muy poco femenina. Para ellos, presión es sinónimo de su jefe o su madre, verdaderos especialistas en ese arte.

Y por eso dejan a esas mujeres ideales en el mundo de su fantasía, que es donde prefieren tenerlas. (Porque allí ellas no presionan nada y hacen siempre lo que él quiere; no dan ningún problema y dicen solo "sí, cariño").

Los hombres son insensibles a nuestras necesidades; en vez de un abrazo te regalan flores y un libro, o un diamante.

Posiblemente sea ésa su forma de ser sensible a lo que considera tus necesidades. En mi opinión no es mala forma y creo que en estos casos deberías aprovechar el agradecimiento que sientes por ello, coger el diamante y darle el abrazo tú. Es una opción más que sabia.

Los hombres quieren que dejes todo por ellos. Los hombres saldrán corriendo, literalmente, en cuanto noten, oigan, intuyan o vean que has dejado *cualquier cosa* por ellos. No quieren esa responsabilidad y, sinceramente, tú tampoco deberías quererla. Para ellos es lo peor que se le puede ocurrir a nadie, la presión máxima a que puedes someterlos: no tener tu propia vida aparte de él. A la larga, los resultados son terribles. Para todos. Aunque en el paroxismo del enamoramiento pueda parecerle una buena idea, se arrepentirá. Y solo lo pagarás tú.

Y sí, ya sé que también es muy romántico pensar que de repente un hombre lo deja todo por ti. Creo que es el sueño escondido de muchas mujeres. Pero te conviene saber cuanto antes que, si algún hombre lo hace, será exclusivamente por el dinero o el supuesto prestigio social o profesional que le reporte. Y un día tú lo notarás, sabrás o intuirás, y te dolerá. Así que si sospechas eso en tu caso, *¡corre rápido y lejos!*

Si él no tiene una vida profesional y social propia que quiera conservar, ¿lo querrás conservar tú a él en tu vida? Da un salto hasta tu futuro con él dentro de diez años para ver si te gusta lo que ves. Asegúrate de que no te has cansado de oírle decir que lo dejó todo por ti cuando quiere que hagas algo que tú no quieres hacer (y eso si no tienes que mantenerlo, ¡encima!).

Los hombres nunca quieren hablar de sentimientos, solo hablan de fútbol. Quizás la generación de nuestros abuelos, e incluso padres, hablara solo de "cosas de hombres". Pero ya no es así: ahora los hombres hablan también de otras cosas, algunas de ellas muy interesantes. Pruébalo.

Los hombres solo piensan en el sexo. Inexacto del todo: también piensan en su trabajo, en qué cara pondrá Pedro cuando le cuente que finalmente se acostó con Lola; y en el fútbol, claro. (Y cuando están en cama con gripe también piensan en que quizás están en su última hora sobre el planeta.)

Los hombres pretenden que te vistas solo para ellos. Sé a ciencia cierta que lo que pretenden los hombres, en este campo, es desvestirte. Aunque también es probable que les guste la idea de que te desvistas tú sola: cuantas más opciones ven, más motivados se sienten siempre.

Y sí, es cierto que odian que te vistas para epatar a otras mujeres en lugar de hacerlo para ellos. Y que sepas que también les gusta que te vistas para que *ellos epaten a otros hombres* o incluso a alguna ex con la que mantenga aún relaciones amistosas. (En este caso, ¡aprovecha y lúcete!)

Los hombres nunca reconocen sus errores. Es cuestión de perspectiva. Cuando se tiene la habilidad de refutar incansablemente una idea con un argumento de peso científicamente probado o, en su defecto, basado en la sabiduría que navega por la red, sinceramente, no se percibe la necesidad de ceder credibilidad al contrincante. Además, siempre está el amigo incondicional que refuerza la explicación con un más que sospechoso caso real. Son un encanto.

Los hombres nunca piden perdón. En general, el orgullo y la falta de formación en cuanto a indulgencia es una combinación letal que suele acompañar al varón humano. Este es capaz de infligir de forma silenciosa y consciente el daño —a sabiendas de su repercusión— antes que verbalizar unas disculpas (que no sólo acabarían de un plumazo con el enfado sino que multiplicarían por diez el efecto de saberse comprendido). Pero no nos engañemos, pedir perdón tampoco es una virtud que adorna al género femenino en exclusiva. Como en todo, hay honrosísimas excepciones.

Como ves, acabamos de tirar por tierra muchas mentiras acerca del sexo contrario. A partir de aquí, podemos empezar a hablar en serio. Bueno, o tan en serio como permite este tema...

Recuerda...

- Los hombres sí escuchan... si hablas su idioma.

- Los hombres también sienten algo más que el impulso sexual.

- Sí, quieren tener siempre la razón. Es verdad. Pero también saben ser razonables.

- No te ofendas si te da un diamante en vez de un abrazo. Su idea de cubrir las necesidades de una mujer es diferente a la nuestra, pero eso no significa que no quiera hacerlo. Dale el abrazo tú a cambio del diamante.

- Grábate a fuego que los hombres no quieren que dejes tu vida por ellos. No desean ese tipo de responsabilidad (ni tú, ni yo, ni aquél...).

Capítulo 7

El misterio de la atracción

Te parezca cierto o no, lo es: los hombres se sienten más atraídos, en general, hacia las mujeres curvilíneas que hacia las "flacas". La causa, al parecer, es el instinto de reproducción. En su subconsciente está registrado el dato de que las curvas son signos inequívocos de buena salud y magníficas perspectivas de fertilidad.

Creo sinceramente que debería ser obligatorio incluir esta información básica en las etiquetas nutricionales de los productos alimenticios, con la misma claridad con que se reflejan el número de calorías, omegas grasos y betacarotenos.

También sería muy útil que la reflejaran en las cajetillas de tabaco, al menos en las de tabaco rubio, en lugar de amenazar en ellas con el cáncer de pulmón, la impotencia masculina o que el tabaco puede matar. Además, es una información muchísimo más sexy de leer.

Un dato curioso es que los atraemos, también, por los olores que despedimos.

¿El más atractivo? Las utilísimas feromonas. El olor de nuestros estrógenos cuando aumentan en número, que ellos perciben cuando se desprende locamente por los poros de nuestra piel (durante la ovulación, por ejemplo). Olor que solemos anular con desodorantes y cremas perfumadas.

Y una sorpresa más: los hombres se sienten más atraídos por las mujeres que ya conocen que por las que no conocen en absoluto.

¡¡Chicas, la biología y la amistad están de nuestra parte!!

Aunque debemos asumir que, si bien la biología está por defecto de nuestra parte, atrayendo a los hombres en primera instancia, es la personalidad y el lenguaje corporal que nos adornan lo que los cautiva finalmente. Así pues, ¡también estos atributos están de nuestra parte! ¿Y por qué?

Ahora la buena noticia: ambos atributos son *cultivables*. Cualquier faceta de tu personalidad puede ser mejorada y asimilada hasta convertirse en un hábito que, finalmente, formará parte integral de tu persona en lugar de solo adornarte de cuando en cuando.

Tocarse el pelo, arquear la espalda, una gran sonrisa de interés sincero, un sano sentido del humor o morderse los labios despacito son ayudas que nos brindan nuestra personalidad y el lenguaje corporal que aprenderemos.

Por lo tanto, no leerás en ningún apartado de este libro que los hombres sólo se sienten atraídos por supermodelos, *strippers* en tanga de lentejuelas o bailarinas exóticas, porque no es cierto.

Claro que les gustan y se sienten atraídos; al fin y al cabo, son hombres. Pero a casa se quieren ir contigo. Cualquier mujer, sea cual sea su estado, edad o físico, puede atraer a un hombre fantástico. Y hay muchísimos donde elegir, te recuerdo.

Lamento darte esta noticia, pero el romance no "ocurre" casi nunca (las malditas comedias de Hollywood han hecho mucho daño en este sentido). No te sientes a esperar en tu torre de marfil a que don Perfecto llegue a ella y te libere: eso sólo ocurre en los anuncios de colonia.

Sal con muchos imperfectos, aprende a tratarte y a tratarlos de forma coqueta, ¡diviértete con ellos!... Y un día el verdaderamente perfecto para ti surgirá de la multitud. (Y sí, caerá rendido a tus pies para siempre jamás si sigues utilizando la cabeza y el corazón).

El romance, como cualquier otra cosa en la vida, requiere dar ciertos pasos y un trabajo bien hecho. Procura divertirte en el camino sin que te agobie el hecho de llegar a la meta cuanto antes.

PERO ¿QUÉ PASA CON LOS HOMBRES?

El miedo primordial de un hombre es la pérdida de control, *en cualquier sentido menos en uno (sí, ese en el que estás pensando)*. Y nosotras somos fabulosas a la hora de dar, pero tremendamente tacañas cuando se trata de recibir. Los dos sexos tenemos nuestros puntos flacos, como ves.

¿No sería magnífico que nos los reconociésemos mutuamente y empezáramos todos a trabajar en ellos? ¿Es una utopía? De momento, parece que sí, pero...

Creo que ya es hora de cambiar todo eso y jugar todos con ventaja. ¿Por qué no disfrutar alegremente de los hombres y dejar que ellos nos disfruten a nosotras? No podemos pasarnos la vida con cara de ajo esperando que aparezca nuestro príncipe azul sin siquiera ver pasar a todos los príncipes colorados que hay a nuestro alrededor. Eso *no es sexy* en absoluto.

Si ves a los hombres que pasan por tu lado, ellos te verán a ti.

No andes por la calle mirando al suelo y con los cascos de tu walkman bien apretados contra tus orejitas. Anda con la cabeza alta y los ojos bien abiertos, una gran sonrisa y buen humor. Fíjate en todos los hombres con los que te cruzas y piensa en qué te gusta de lo que ves en cada uno de ellos. No tienen que ser solo los hombres espectaculares los que atraigan tu atención (aunque es un placer contemplarlos, a qué engañarnos); fíjate deliberadamente en *todos* los estilos, edades y tamaños.

Porque todos, sin excepción, tienen algo: puede ser el corte de pelo, puede ser cómo le cae el abrigo, la divertida forma de sus cejas o con qué gracia se ríe ése chico tan feo que viene con ese amigo tan guapo… *Todos* los hombres tienen algo que te gustará. Aprecia eso en los hombres con los que te cruzas y verás que, de pronto y de forma milagrosa, ellos te miran a ti. (Te lo advierto: esto crea adicción). Igual que nos ocurre a nosotras, a ellos les halaga y les gusta que los (ad)miremos.

De hecho, lo más importante para un hombre es sentirse amado, reconocido y conectado a la mujer con la que desea estar. Así, pues, aparca cualquier idea que tengas en cuanto a la llamada "mujer ideal", esa bomba imposible de la Naturaleza. Y mejora lo que tú tienes todo lo que puedas, *incluida tu forma de mirarlos.*

> Y, sí, la leyenda dice la verdad también respecto a otra cosa: los hombres quieren sentir que "te han ganado"; quieren verte como un premio, quieren correr para atraparte.

Y para eso no tienes que tener un físico espectacular, ni siquiera maravilloso. Lo cierto es que si tienes un estilo personal, sentido del humor, un fuerte sentido de tu propia valía y confianza en ti misma, cualquier hombre (mentalmente sano) que elijas sentirá que "ganarte" es una victoria de la que sentirse orgulloso.

Y los insanos (estoicos, victimistas, críticos, malhumorados o iracundos) no valen ni para una segunda cita. No pierdas tu tiempo ni tu energía con ellos; ¡por mucho miedo que tengas a quedarte para vestir santos! Vamos, ¡muévete!

4 RAZONES 4 POR LAS QUE ES BUENO SABER PENSAR COMO UN HOMBRE.

Hombres y mujeres están programados de forma muy diferente y las mujeres nunca nos acordamos de eso (ellos tampoco). Así que para cambiar vuestra vida de conquistas y flirteos hay que saber pensar como un hombre en este asunto. Te apunto cuatro razones:

Razón nº 1: Los hombres no buscan el por qué de todo. Los hombres no necesitan encontrar el significado más profundo de todo. O asumir que todo tiene un profundo significado. Las mujeres tenemos que encontrar el por qué de todo lo que nos hacen y de todo lo que nos pasa. "¿Por qué le gusto a este hombre? ¿Qué significa eso?". La verdad es que *eso* no significa nada para él. Le gustas y ya está.

Razón nº 2: Para contactar con hombres tienes que hablarles en su idioma (al menos, al principio). Si te atrae un chico, sonríele y míralo. ¡Ese es su lenguaje! Hablar su lenguaje significa que tienes que ser obvia. Ellos necesitan que seamos obvias. Si lo eres, caerán como chinches (o eso dicen ellos, al menos). No quieren pasarse toda la noche ahí sentados, preguntándose qué significa realmente tu segunda mirada. Quieren que les sonrías y les hables para saber que pueden acercarse.

Razón nº 3: Los hombres no están pensando lo que tú crees que están pensando. Deja de anticipar la reacción de un hombre hacia ti basándote en cómo piensas tú o cómo piensan tus amigas. Las mujeres a menudo asumimos cómo piensan los hombres acerca del comportamiento de una mujer, y a menudo estamos *muy equivocadas: No, no están pensando que somos unas facilonas o que tenemos demasiada celulitis.*

Están, en realidad, tan contentos de que seas tan clara para que ellos entiendan tu interés que de buena gana te lo agradecerían con una palmada en la espalda.

Razón nº 4: Para conocer hombres tienes que cambiar tu energía. Esto es un secreto a voces, pero presta atención. Si quieres conocer hombres ¡tienes que espabilar! Lo que quiero decir es que no se trata solo de empezar a pensar como un hombre, sino que *también tienes que cambiar la forma de relacionarte con ellos en función de ese conocimiento.*

Así que ¡empieza a mirar y a ser obvia! Tendrás en tu camino más hombres de los que querrás o podrás conquistar. Sintiéndonos cohibidas no ganaremos el premio. Nada cambiará hasta que no cambiemos nuestra energía.

¿Cuándo fue la última vez que te arriesgaste a sonreír a un hombre que te atraía y conseguiste que se acercara? Si hace más de un par de meses, no lo estás haciendo como a ellos les gusta.

Empieza a tomar en tus manos la responsabilidad de tu vida de conquistas y verás que mejora de inmediato. En serio.

Ríete todo lo que quieras,
pero si no quieres envejecer llora
solo lo necesario.

G.S. Colette

Capítulo 8

La [atracción] Física

Cualquier prenda con la que no te sientas cómoda te sentará mal. Y lo contrario también es cierto: si te sientes cómoda con una prenda, te queda estupendamente.

Las francesas, feas o guapas, siempre son elegantes, y te diré por qué: se sienten y se saben atractivas. Sea esto objetivamente cierto o no, acaba por serlo. Y lo que lo hace realidad es su propia certeza de ello.

Investigando y preguntando, he descubierto un secreto: muchas, pero muchas mujeres francesas van desnudas a menudo por su casa y, lo que es más importante, se sienten cómodas así.

Ese *je ne sais quoi* de las francesas es, precisamente, lo inimaginable para casi cualquier otra mujer: se gustan. Se gustan de verdad, aunque sean más feas que un tiro o tengan un culo de elefante. Tanto si tienen 20 años y la piel tersa como si tienen 60 abriles y papada doble, SE GUSTAN. ¡Estoy segura de que las francesas se visten para poder desnudarse! ¿No te da envidia?

Es un hecho probado que para gustar lo primero es gustarse y lo segundo sacar partido a tus fortalezas. ¿Acaso los ojos azules, la cintura de avispa, las "grandes alturas" o los canalillos de infarto son los únicos atractivos para el sexo contrario? Ni mucho menos. Y si piensas así estás en un error que te perjudica (¡encima!).

Identifica tus puntos fuertes y destácalos.

(Puedes hacerte con la ayuda de amigos varones —con los que no tengas intereses románticos en curso ni en perspectiva— para esta información, en caso de que tengas muchas dudas.)

Y hemos llegado al punto en que ya tenemos una vida interesantísima, muchísima confianza en nosotras mismas, nos fijamos en todos los chicos que nos cruzamos y sentimos mucha envidia de las francesas. Pero...

¿Y AHORA QUÉ?

Cuando fuimos creadas no vinimos a este mundo con refajos y medias, falda y blusa. Desde el primerísimo nacimiento de la primerísima mujer hemos venido al mundo en bolas.

Con la llegada de la era glaciar empezamos a taparnos poco a poco. Y con la llegada de las iglesias y sus pudores perpetuamos esa conducta, como si ir desnudas fuese algo perverso (¡qué idea tan sexy!).

No estoy en contra de ir vestidas, que conste. Pero todo tiene su momento y su lugar. Y debemos recordar nuestros principios naturales -ahora considerados ya un arte exótico—, al menos de vez en cuando.

Es cierto que con el frío hace muchísima falta un buen ropaje, y que no es cuestión de ir por ahí excitando fantasías ajenas y propias por la calle y en el metro, cuando tenemos que llegar a la oficina con las ideas claras. (Aparte de que nunca sabes quién se ha posado antes que tú en ese mullidito asiento del bus.)

Pero al menos podemos hacer algo para equilibrar este asunto.

🛠 TRABAJO DE CAMPO: Desnudas por el mundo

Debemos empezar a practicar ya este arte exótico y sugerente del desnudo. Quizás la mejor manera sea hacerlo a solas y poco a poco, para no asustarnos. (O de golpe, pero siempre a tu gusto)

Por ejemplo, cuando salgas de la ducha no te vistas enseguida, no te apresures a ponerte ese horrible y viejo albornoz verde hoja. Sécate despacio, date una buena crema hidratante con masajes suaves, y átate la toalla a la cintura.

De esta guisa, paséate por la casa durante un rato. Si te da vergüenza tener público (pareja, hijos, gato, etc.) hazlo a solas, pero hazlo. Espera a darte la ducha diaria cuando se hayan ido ya todos o cuando no hayan llegado aún. Hazlo a diario durante todo el tiempo que necesites hasta que, cuando te mires al espejo, puedas decir: "¡No está nada mal!" (y eso llega, te lo aseguro).

Acostúmbrate a dormir desnuda; no hay nada tan placentero y sensual como meterte en la cama sin nada encima y sentir en cada centímetro de tu cuerpo el roce de unas sábanas frescas en verano o calentitas en invierno. (En épocas de "despareje", cuando no haya nadie que caliente tu cama, caliéntala tú misma: para la época de mucho frío, unas sábanas de franela fina son una delicia).

> Recuerdo haberme sentido escandalizada de muy jovencita cuando una amiga mía me confesó que no usaba pantalones en verano porque casi nunca llevaba bragas. Años después descubrí (con cierto rubor infantil al principio) el placer de no llevarpantalones en verano.

Cuando estés sola en casa, pasea erguida y desnuda, o con lo mínimo imprescindible, *aposta*. Y da igual tu talla, el perímetro de tu cintura o el grosor de tus muslos. Al poco tiempo caerás en la cuenta de que eso no importa en realidad. Y cuando te acostumbres a ir ligerísima de ropa ¡te costará hasta vestirte para salir!

Cuando compres tu ropa, hazlo pensando en las zonas de tu cuerpo que son tus favoritas y en las que no lo son tanto. Realza las primeras y desvía la atención de las segundas en lugar de intentar tapar obsesivamente tus imperfecciones. Por ejemplo, si tienes un buen culo que desearías menos generoso, utiliza un pantalón negro de algún tejido con mucha caída, súbete en unos buenos tacones y pon especial cuidado en tu pelo, tu maquillaje y tu escote para desviar la atención de lo que no te gusta a ti. Así, los que te miren dirigirán sus ojos a aquellas partes de las que te sientes más segura. Y asunto arreglado.

> Mi amiga Malena opina que tiene más barriga de la que se merece, pero es una mujer tremendamente sexy a pesar de ello. Un amigo estilista le aconsejó que utilizase escotes vertiginosos y profundísimos para desviar los ojos de los espectadores hacia su estupendo canalillo. Ahora, los que miran quieren saber "qué más hay ahí adentro". Nadie se acuerda ya de la barriga de Malena; ni siquiera ella.

Quizás ese cambio de vida que llevas esperando años y años dependa más de encontrarte a ti misma sexy que de preocuparte de que te encuentren sexy los demás. ¿Lo habías pensado así? Pues piénsalo. De todos modos, no tienes nada que perder... más que la vergüenza.

Y veamos qué más tenemos por ahí desatendido...

CUIDADOS INTENSIVOS

Vamos a ver ahora qué podemos hacer respecto a nuestro estupendo físico para mejorarlo aún más.

1. El cuerpo

Nuestro cuerpo merece cuidados y mimos que rendirán enormes dividendos casi de inmediato. Un cuerpo envuelto en una piel suave y cuidada a diario es el mejor regalo que te puedes ofrecer a ti misma y ofrecer a otros en bien de la sensualidad del planeta. Es un deber que tienes para contigo y para con toda la Humanidad.

- **Cuando te duches,** no te enjabones con esponja; hazlo con las manos. Extiende el gel o el jabón por toda tu piel con mimo. Hazlo por cada rincón de tu cuerpo. Luego, mójate las manos con agua, y vuelve a masajearte antes de aclararte con agua tibia. Cuando te aclares, no te limites a ponerte debajo del chorro y dar unas cuantas sacudidas: aclárate utilizando también las manos, con pequeños masajes. Y antes de secarte date aceite de niños o aceite de almendras dulces para conseguir una piel suave y deliciosa al tacto. Recuerda que cualquiera puede tocarte en cualquier momento, aunque sea de forma accidental. (¡Y puede ser un chico!)

- **De vez en cuando,** saca un ratito extra y, en lugar de ducharte, date un baño de sales con aceites aromáticos, y aprovecha para relajarte: se notará también en tu cara. (Por no hablar de tus nervios y tu ánimo.)

- **Después de secarte,** utiliza cremas y aceites hidratantes sin aroma o con suaves perfumes que combinen bien con el tuyo natural. Nunca abuses de olores fuertes que hacen desaparecer el tuyo propio y que, sin ninguna duda, es el mejor de todos. Cambia de vez en cuando de cremas; los expertos en asuntos de piel y belleza dicen que la piel se acostumbra a ellas, y que conviene alternarlas (aunque te confieso que yo no cambio desde que descubrí la que le iba perfecta de tacto y aroma a mi piel y a mi gusto olfativo personal).

2. El pelo: ellos (también) la prefieren larga

Rubia, castaña o negra, a los hombres les gusta, como regla general, una melena larga y suelta. El cabello largo y brillante tiene algo que hace que los chicos quieran tocarlo. Aunque si te lo recoges en un moño flojo, parece que también encuentran algo especial en eso de quitarte las horquillas. El pelo recogido en una cola de caballo les gusta cuando estás haciendo deporte, toda sudorosa.

Lávalo con la frecuencia que necesites para que esté siempre limpio, sano y brillante. Busca el champú y el acondicionador perfectos para tu tipo específico de cabello. Este te agradecerá que no utilices el primero que encuentres en cualquier rincón.

Si te decantas por una melena corta o por el pelo cortado a lo chico, asegúrate de que te hacen el mejor corte del mundo. En estos casos, el estilo ha de ser muy sofisticado en cuanto a forma y color. Y recuerda que, teniendo el pelo corto, no te puedes coger una "simpática cola de caballo" bajo ningún concepto y en ninguna circunstancia.

3. El "otro" pelo

No lo cuides ni lo mimes. Extermínalo sin piedad de todos aquellos lugares donde la Naturaleza lo puso por equivocación o por necesidades prehistóricas que, desde luego, ya no tenemos.

Busca y elige el sistema de depilación que le vaya mejor a tu tipo de piel, hay para todos los gustos y umbrales de dolor: la cera fría, la caliente, la templada, la bola de azúcar (método favorito de las mujeres árabes y que es, en realidad, una tortura china), la fotodepilación, láser, la depilación eléctrica (un castigo físico y económico que ninguna mujer merece), las cremas depilatorias, el sistema *silk-epil*, y muchos más.

Y elijas el tipo de depilación que elijas, ten siempre en la ducha una cuchilla desechable para emergencias. No transijas con un solo pelo que esté fuera de la cabeza o del adorno que quieras llevar ya sabes dónde...

(En cuanto a la forma del vello pubiano, si no te lo depilas del todo (¡les encanta!), sé discreta. No he visto cosa más horrible que depilarse *los bajos* en forma de alas de murciélago o que parezca un bigote sonriente. Aunque pueda parecerte gracioso, no lo es. Y estoy hablando en serio.

4. Pies y Manos.

Cuídalos tanto por salud como por belleza. No ahorres en baños con sales y aceites, masajes entre los dedos y en ellos, hidratación de uñas, etc. Unas manos y unos pies bien cuidados siempre te hacen sentir bien y son muy sexys.

La forma de las uñas de las manos va en gustos personales, pero ten en cuenta que unas uñas de bruja larguísimas y pintadas escandalosamente siempre atraerán la atención de un hombre... para quedarse ahí. Fascinado con esa expresión artística de tu persona, quedará incapacitado para averiguar si el resto de ti es algo a lo que también vale la pena mirar.

5. Escote

Esta pieza anatómica que solo las mujeres tenemos el privilegio de poder utilizar como arma de seducción, es muy delicada porque se estropea a la velocidad del rayo a nada que la descuidas. No existen músculos que la sujeten prácticamente y hay que mantener ojo avizor con ella.

Mantén el escote siempre hidratado para que permanezca terso mientras estés con vida en este planeta. Una vez a la semana, date en el escote crema de manos extra hidratante. Es algo rotundísimo que da resultados inmediatos (y buenísimos). Recuerda aplicarte las cremas siempre hacia arriba, pues eso impide que empujes los pocos músculos que tenemos ahí en el sentido de "ayuda a la gravedad".

No hay apartado de piernas y brazos porque doy por sentado que los ejercitas y los hidratas a diario.

No olvides nunca que el primer beso
no se da con la boca
sino con los ojos.

O. K. Bernhardt, escritor alemán.

CAPÍTULO 9

¿Qué tal voy?

Como he dicho en el capítulo anterior, cualquier prenda con la que no te sientas cómoda te sentará mal, y cualquiera con la que te sientas contenta, te sienta bien. Siempre sabemos cómo nos sienta algo, aunque en muchas ocasiones no nos atrevemos a reconocernos ese don.

Está comprobado que, por regla general, el gusto masculino respecto del vestir femenino difiere diametralmente del nuestro. Pocas de nosotras saldríamos a la calle (al menos de día y sin una manta encima) como a ellos les gustaría vernos siempre.

Nos vestimos, en realidad, para las otras mujeres (y ellos lo notan, que me lo han dicho). Con excepciones honrosísimas de las que se visten para sí mismas, la generalidad de las mujeres se visten para epatar a las otras mujeres. O para pasar desapercibidas y no ser criticadas despiadadamente por ellas.

Sería genial encontrar un término medio entre el desnudo integral, el traje de faralaes con cola larga y el hábito franciscano...

Un buen amigo mío me cuenta que en una ocasión en que iban a salir a cenar con unos amigos, su hoy ex mujer salió del dormitorio y le preguntó: "¿Qué tal voy?". Él se quedó sin habla. Espectacular, su ex se paseó ante sus ojos con minifalda y botines de tacón altísimo, conjunto que provocó en él un silbido de admiración. "¡Estás acojonante!", le dijo el incauto de mi amigo. Ella, en lugar de alegrarse, le contestó enfadada: "Pero ¿cómo voy a salir así? ¡Si parezco una puta!". Y se fué dando un portazo para reaparecer a los diez minutos con un vaquero y una camisa blanca.

Él se quedó muy desubicado, y con razón. Había sido *ella* la que había elegido el magnífico conjunto. Y luego *ella* le había preguntado *a él* que si le gustaba, ¿no?

¿Quién entiende a las mujeres?, se preguntan.

Digo yo que podemos llegar a un acuerdo con nosotras mismas: ni de puta ni para matar de envidia o admiración a nuestras amigas. ¿Qué tal vestirnos para sentirnos cómodas y femeninas?

La falda es un valor seguro

Hay que ponerse faldas. Ya sé, ya sé que los vaqueros y los pantalones sueltos y colgones son comodísimos; pero no sirven para toda ocasión, lo siento.

Stilettos y Medias

Los tacones les gustan de aguja y bien altos. Aunque no siempre son adecuados ni cómodos, es bueno que lo sepas. Úsalos cuando sepas que no vais a dar una gran caminata ni a pasaros la noche entera bailando.

Unas finas medias negras, transparentes —y si es con costura, mejor— siguen siendo las favoritas, seguidas por las entrañables medias de rejilla —negras, por favor. ¡Jamás de color carne!—.

Los colores de tu ropa

El color negro fue, es y será siempre el más elegante, sexy y misterioso. Por algo es un clásico.

En el fondo de armario no puede faltar un vestido negro liso, un pantalón de buen corte ni un jersey de suave punto de este color.

Los colores en tonos pastel son los que más atraen a los chicos. No se sabe aún por qué, pero son los más sensuales. Si tu piel es muy, muy blanca, esos tonos pastel habrán de ser un poco más subidos.

El negro es un color perfecto para disimular o minimizar esas partes de tu anatomía que consideras generosas en exceso, pero acuérdate de iluminarlo. No hay nada menos sexy que el luto riguroso. Coco Chanel siempre lo adornaba profusamente con perlas falsas.

Geometría y simetría

Los escotes en V que dejan ver el comienzo del canalillo, o el cuello *halter* que te deja al descubierto los hombros pero no el escote, son siempre atractivos (más que los "cuellos de caja").

El cuello cisne con manga larga en el mismo jersey queda muy bien con un pantalón pitillo del mismo color y tacón medio-alto. Adorna el conjunto con muchas pulseras y cadenas variadas al cuello.

Las faldas permiten más fantasías. Aunque la sexy por excelencia es la falda tubo, el resto del mundo faldil puede dar mucho juego. Pruébate las que te gusten y decide cuál es la que te queda mejor.

Los pantalones pitillo sientan bien en unas piernas delgadas y largas (en esas piernas queda bien todo, así que no tiene mérito). Pero te sorprenderá de forma agradable lo que pueden hacer en colores oscuros por unos muslos no tan delgados.

Los pantalones rectos sientan bien a todo el mundo, siempre y cuando no te vuelvas loca y te los compres de cuadros exagerados o estampados estrambóticos (que, además, no son nada sexy a no ser que tengas el cuerpo 10, y ya sabemos que eso no existe).

> Los pantalones acampanados, o "pata de elefante", te los tienes que probar sin remedio, porque también sorprenden mucho. Llévalos siempre con tacones altos.

Los pantalones vaqueros, tejanos o *jeans*, hay que probárselos siempre: no hay reglas, así que te puedes llevar sorpresas agradabilísimas o espantosas (aunque si tienen un buen diseño no tienen por qué asustarte).

Tacto, texturas

Los tejidos como las sedas, raso de algodón, terciopelos, mohair (sin pelos) o batista finísima (aun siendo sintética esta última) son texturas suaves, y harán que tu chico quiera tocarte.

Como ya sabemos, los hombres sanos (y no quieres otra cosa para ti) adoran tocar a las mujeres, y sentir un tejido sedoso, aterciopelado o ligero como una nube puede parecerse mucho a sentir la piel de una mujer en directo. Las blusas entalladas o los *tops* ajustados de estos tejidos le animarán a rodearte con su brazo y a querer mantenerte cerca de su cuerpo un buen rato.

> Si te quieres deshacer de un hombre, utiliza en la parte superior de tu cuerpo telas de algodón muy grueso, imitaciones modernas de tela de saco, confortables jerseys de lana gorda y áspera (si es de cuello alto, mejor), *cheviot* (¡qué nombre tan poco sexy!), camisas de satén artificial con electricidad estática incorporada de fábrica, etc. Las de pana gorda también dan un resultado estupendo. Así mismo, los camisones y pijamas de franela te pueden echar una mano en caso de que nada de lo de arriba haya tenido éxito y hayáis llegado a una situación extrema (que los hay muy persistentes, te digo).

Y debajo, ¿qué?

La ropa interior, o *lingerie* (¡qué palabra tan sexy!), es igual de importante, no te engañes. No se ve todavía... pero se nota.

Aunque no tengas planeada una noche de sexo, acostúmbrate a sentirte en todo momento sexy eligiendo cuidadosamente tu lencería. Que sea siempre de buena calidad, y que su aspecto y su tacto sean sensuales. Te sentirás mucho más confiada que si te pones unas bragas desvaídas o un sujetador de algodón sin forma. ¡¡Recuerda siempre la *braga enteriza* de Bridget Jones!! (sí, se llevó al chico a la cama y al altar, pero sólo porque era una peli).

Busca —¡y encuentra!— los sujetadores que te sienten realmente bien, que realcen tu pecho sin exagerarlo ni aplastarlo. Los mejores para este asunto que nos ocupa son los de aro y copa blanda (sin espumillón ni relleno): los ponen a mil.

Con respecto a la mitad inferior de tu cuerpo, además del tanga — y dependiendo en qué caso y de tu figura—, suelen sentar bien los "culottes", ¡ya los hay que no parecen calzones de boxeo!

Si tú cuidas y respetas tu aspecto, cualquier hombre querrá ser visto contigo en todas partes (y verte a solas). Sé un premio para él. Conviértete en esa recompensa que sabes que eres y que él quiere obtener.

Recuerda...

- Viste de forma que te sientas cómoda, elegante y sexy. Él también te sentirá así.
- Enseña orgullosa tus activos, uno o dos a la vez. Nunca muestres hombros, ombligo, canalillo y muslos en el mismo paseo.

- ✔ Pelo brillante y suave, maquillaje ligero, piel impecable.
- ✔ El color negro es elegante y sexy; los colores pastel son siempre favorecedores. Fuera para siempre el verde oliva, naranja calabaza, morado y gris uniforme.
- ✔ Los mejores tejidos son los suaves, aterciopelados o sedosos al tacto.
- ✔ Invierte en calidad más que en cantidad.
- ✔ Unos tacones medios favorecen siempre y, además, te ayudarán a mantener una postura erguida de forma natural.

A pesar de las leyendas urbanas a favor del desnudo integral único, muchos hombres nos prefieren en ropa interior con las medias puestas (no, no tengo ni idea de por qué. ¿Quizás por el reto de quitárnosla?).

Capítulo 10

La Química [o metafísica]

Parafraseando a Quino, te diré que ellos miran a las mujeres con ojos de zafiro y piel de seda pero se casan contigo, que tienes ojos de ojo y piel de piel.

> Ningún don físico, por virtuosísimo que sea, hablará de ti tan alto y claro como tu personalidad y tu actitud ante la vida. Una genuina seguridad en ti misma, en tus activos, en tu vida, en tus deseos y en tus empeños le dirá con claridad a todo el mundo quién eres.

A pesar de las leyendas, no hay nada más atractivo para un hombre —y para el resto de los géneros— que una mujer sinceramente contenta consigo misma. La reconocerás porque sus hombros están rectos, su espalda erguida, su cabeza alta; y anda con gracia natural. Cuando te encuentras con ella sonríe y te mira a los ojos. Aunque no hable mucho.

Una mujer de estas características trata a todo el mundo de la misma manera: es afable y sonríe con la misma gracia y naturalidad a la señora de la limpieza y al embajador de Sudán. Y esto es lo que a la gente le gusta más de ella.

Siente tanta confianza que puede ser simplemente lo que es. Como cualquiera, tiene ratos malos, pero los reconoce y se ríe.

Esta mujer ni siquiera se plantea qué piensas de ella. Quiere gustarte como cualquier otra persona, pero no es tan importante en realidad si no te gusta. Sabe que te harás una opinión sobre ella basándote en lo que hay dentro de tu cabeza. Y eso tiene muy poco que ver con ella.

Como resultado, los hombres la admiran y la desean. Saben que ella puede manejar su respeto o flirtear con ellos sin avergonzarse ni hacer aspavientos. No importa lo que ellos hagan o digan, ella los tratará con toda naturalidad y un poco de coquetería. Ellos saben que no pueden comprar su afecto ni ganársela con halagos (bueno, casi nunca).

Una mujer con genuina confianza en sí misma atrae a los hombres porque... ¡no puede evitarlo!

Pero, ¡qué rabia! ¿Cómo alcanzar esa seguridad, esa autoconfianza durable?

Sabemos que una mujer insegura, aunque se haya forjado una imagen de lo contrario, repelerá a otras personas —hombres incluidos— como si estuviese impregnada de olor a cebolla. Es un misterio, pero es así.

Si les preguntamos a estas mujeres confiadas por su secreto, nos enteraremos de que:

- Algunas han alcanzado ese estado con la edad.
- Otras lo han hecho como resultado de sus experiencias vitales (estudios, profesión, relaciones, etc.)
- Para otras, un buen palo en la vida se encargó de demostrarles de lo que eran capaces.
- Y un resto de afortunadas sintieron siempre esa autoconfianza, y achacan el mérito a sus padres y a cómo fueron educadas.

Pero ¡¡ninguna de estas respuestas ayuda a la que no fue tan afortunada!! No podemos rehacer nuestra infancia, y no queremos esperar a que la edad adecuada se encargue de este asunto cuando llegue. ¡Queremos nuestra confianza antes de llegar a los cien años! ¡La queremos ya!

Bueno, nos dicen los psicólogos que la acción llega después de una idea y de un sentimiento, y viceversa. Es un comienzo, y una buena noticia, ya que los pensamientos los podemos dirigir nosotras mismas. Luego, es cuestión de seguir en el empeño y que nuestra intención no se quede solo en una idea fantástica.

Aparte de leer los miles de libros y seguir los cientos de terapias dirigidas a conseguirlo (y morir de viejas en el intento), hay unas cuantas cosas que puedes hacer *ahora mismo* para sentirte más segura de ti:

- La postura es muy importante, y puede cambiar tus sensaciones en relación a tu aspecto. Mira, haz una prueba: si miras al suelo y te fijas en cómo te sientes, y luego haces lo mismo mirando al cielo, comprobarás lo importante que es la postura. Empieza ahora a formar esa persona feliz y segura que quieres ser —si no lo eres ya—, corrigiendo en primer lugar tu postura.
- Mantén la espalda derecha.
- Echa los hombros hacia atrás y alza la cabeza (como si un hilo tirase de tu coronilla hacia arriba).
- Muévete con naturalidad; estés donde estés, ese espacio es tuyo.
- Mete el trasero y la tripa. Unos zapatos de tacón medio te ayudarán a conseguir esta postura de forma casi automática.
- Sigue tu instinto. Hazle caso a lo que te dicen "tus tripas". Parte de la falta de seguridad que tienen muchas mujeres viene de dudar de sí mismas. Tienes la sensación de que deberías hacer o decir algo, pero no lo haces porque no estás segura de si será apropiado o buena idea. Y eliges seguir la ruta de la seda: haces lo que los otros

hacen o lo que tú crees que los otros creerán apropiado. No sabes el porqué pero crees que es el otro el que hace lo correcto; no estás segura del motivo, pero piensas que tú eres la torpe, la equivocada.

El caso es que tienes que vivir con el resultado de tus elecciones. Escucha a tu intuición y sigue a tus instintos; están ahí por algo y en el pasado remoto nos han salvado de muchas situaciones peligrosas y difíciles. ¿Por qué nos iban a fallar justo ahora?

¡Hazte valer! Las personas faltas de seguridad piensan a menudo que tienen que ser más amables y, así, la gente será más amable con ellas y acabarán aceptándolas. Ser amable es una virtud, desde luego, pero si no va acompañada de sinceridad y autoafirmación, los otros pasarán alegremente por encima de ti (¡y pisando fuerte!). Si estas cualidades no van de la mano, al final puedes llegar a permitir que el miedo al conflicto o al rechazo gobierne tu vida.

Está bien evitar conflictos cuando no son necesarios, tampoco se trata de vivir provocando al prójimo por autoafirmar nuestra postura.

Pero asegurémonos de que evitamos esos conflictos por convencimiento y no por mantener la paz de otros a costa de la nuestra. No dejes que el temor gobierne tu vida. Aprende a mantenerte firme en tus deseos y opiniones. ¡Te alegrarás de ello!

Di lo que quieras decir cuando sientas que debes decirlo. Si lo deseas, es buen método planear en tu cabeza lo que quieres decir justo antes de tomar la palabra. La autoconfianza siempre es un don innato (¿has visto a algún bebé inseguro de sí mismo?), pero se pierde. Por suerte, también es una habilidad que se re-aprende. Y, al igual que lo han re-aprendido otros, también lo harás tú. Persevera en ello con convencimiento y tu objetivo claro.

(Por supuesto que si el chico te importa cero, no tienes que gastar tiempo ni energía en decirle nada.)

Capítulo 11

El juego: ¿Quién empieza?

Tengo la sospecha de que el hombre ideal que "recordamos" no existe fuera de los cuentos de hadas y las novelas románticas.

A ver... Alto, guapo, rico, afable, apasionado, firme sin ser agresivo, sensible pero no llorica, seguro de sí, con mucho tiempo libre para dedicarse a nosotras... Ja.

En la amplia escala de subespecies varoniles hay de todo menos ejemplares reales de esos príncipes azules perfectos. Aunque algunos, sin duda, tienen un físico o química cercanos a la perfección que pueden llevarnos a engaño.

Hay, como en todas partes, hombres magníficos que lo hacen lo mejor que saben. Y muchos de ellos lo hacen muy requetebién.

Pero otros muchos son, además, tímidos o pasivos. Los hay críticos, furibundos o víctimas; o todo ello a la vez. Y otros cuantos tienen verdadero terror al rechazo, lo que los paraliza dejándolos fuera de juego en un momento dado (¿te suena?).

Esto les impide, en muchas ocasiones, pedirle a una chica una cita "formal" de forma directa. Por mucho que le guste esa mujer, a veces no se atreven. O lo hacen bromeando con muy poca gracia.

¡Imagínate! Si para llegar a cualquier lugar que no conocen dan vueltas y vueltas durante horas alrededor de la misma gasolinera por no preguntar, ¿cuántas no darán para acercarse a ti, que eres mucho más desconocida y misteriosa que cualquier calle?

> Séfora, la esposa de Moisés, opinaba de su marido que era un cabezota, y decía que les tuvo dando vueltas cuarenta años en el desierto por negarse a preguntar la dirección de la Tierra Prometida.

Pónselo tú más fácil de lo que lo tienen sin ayuda.

Si un hombre te interesa, ya no tienes que esperar, si no lo deseas, a que él te pida esa cita que estás deseando tener con él. ¡Los tiempos han cambiado! Ya no hay reglas inflexibles. Échale un cable.

Como ya he comentado en estas páginas, las mujeres ahora —si realmente queremos— podemos tener un papel más activo/provocador en la "persecución" del hombre de nuestros sueños cuando lo encontramos. Y esto sin pasar a la historia de la Humanidad como facilonas o putas.

Por supuesto, no se trata de intercambiar papeles. No es eso, no.

Pero no hay nada socialmente criticable en mostrar un sincero interés por un hombre. Es más, muchos —pero muchos— opinan que esa actitud por parte de una mujer interesante "les pone".

No abogo por que vayas por ahí pidiendo teléfonos y citas; hay una gran diferencia entre iniciar un primer contacto con un hombre y pedirle una cita. Me refiero a que, cuando estás con un hombre que te gusta, puedes mostrarle tu interés de cien maneras distintas para que sea él quien dé ese primer paso que los dos estáis deseando.

Mira, unos ejemplos que han demostrado ser validísimos en miles de ocasiones, y que acabaron incluso en boda o amancebamiento formal:

- Sé cercana y coquetea alegremente con los hombres que te gusten.
- Inicia una conversación con ellos.
- Sonríe.
- Una vez que hayas lanzado la pelota, deja que bote en su campo y que sea el afortunado blanco de tu interés quien siga el juego.

⊖ Aunque si él no coge la pelota, puede que no haya entendido nada... O que, sencillamente, no esté interesado. Si es así, coge tu pelota y juega en otros campos. Cuanto más juegues, más claramente verás cómo funcionas tú en el juego y cómo los hombres responden al mismo. Recuerda: estás jugando tú, pero no te está jugando la vida. ¡Relájate y disfruta!

Puede que te preguntes por qué no has de ser franca y pedirle a un hombre, sencillamente, que salga contigo.

Verás: dejar que sea el hombre el que haga el "trabajo duro" hace que te perciba como un premio. Sonriendo no te estás ofreciendo a él en bandeja. Estás, simplemente, siendo cercana y dándole la oportunidad de que intente conquistarte. Si no lo consigue en ese primer encuentro, quizás estudie la forma de conseguirlo la próxima vez. O la siguiente.

> Facilitarle demasiado a un hombre el trabajo para que deje de serlo eliminaría la chispa del reto que hace que la victoria sea tan dulce cuando finalmente se llega a la meta.

Si por timidez no diera el primer paso, aquí tienes una solución: organiza una salida en grupo con tus amigos e invítale a él también. Cualquier actividad divertida servirá (a un concierto, un parque de atracciones, un festival al aire libre o una comida campera).

No solo podrás observar cómo interactúa con tus amigos (lo que te dará pistas sobre si sois compatibles o no en cuanto a sociabilidad) sino que también le estarás dando la oportunidad de pasar tiempo contigo sin la presión que supone una primera cita a solas.

Pero, ¡cuidado! Si le invistas a compartir una salida en grupo no lo consideres —ni lo presentes—, bajo ningún concepto, como tu "pareja". Pasa tiempo con tus otros amigos. Deja que se cuide y se maneje solo. Comprueba de vez en cuando que está cómodo, pero deja claro que no te preocupa —ni dudas de— su habilidad para socializar con gente nueva. La confianza que le comunicas con esta actitud hablará por sí sola, y él se sentirá encantado y agradecido por ello.

Ten en cuenta que, como muchas de nosotras, ellos también temen el rechazo y puede que necesiten una barandilla a la que asirse al principio.

Aunque te adelanto que los que no se atreven ni con barandilla no valen la pena: tendrás que encargarte tú sola de todo el juego durante todo el tiempo que dure esa relación (si es que no te cansas antes de que llegue a ser eso). Acabarás agotada y resentida. ¡No entres en ese campo!

Capítulo 12

TMS® : Técnicas [metafísicas] de seducción

Estas son técnicas de las llamadas ahora de programación neurolingüistica, pero que toda la vida se llamaron afabilidad y empatía. Nos salen de forma natural e inconsciente cuando estamos interactuando con otros seres. Pero no está de más ser conscientes de lo que hacemos bien cuando no pensamos en ello.

TMS nº1 : EL ESPEJO. Esta técnica consiste en imitar los gestos, movimientos y expresiones faciales de la persona con la que estás teniendo una conversación (en este caso, el chico). ¡Cópialos!

Observa cómo actúa, cómo habla, cómo se mueve, e imítalo. Te conviertes en su imagen en el espejo. Así mismo, procura igualar su tono de voz, su ritmo en la conversación. Si él habla con claridad y lentitud, adopta esa forma de conversación cuando estés con él.

En todos los encuentros sociales, la técnica del espejo surge de forma espontánea, pero cuando eres consciente de estar utilizándola y de sus efectos, se convierte en una herramienta comunicativa de alto rendimiento. Te lo aseguro.

La próxima vez que converses con alguien, imita su lenguaje corporal, su postura y sus expresiones, siempre con sutileza y dejando que pasen unos segundos antes de seguir sus pasos en cada gesto. No te conviene nada que piense que te estás burlando de él, y menos si el chico te gusta de verdad. Te sorprenderás al notar que la conversación toma de pronto un tono mucho más amistoso y abierto. Estás predisponiendo a ese chico a tu favor.

Un ejemplo: estáis sentados a la mesa frente a frente. Ves cómo él coge su vaso con la mano izquierda, se inclina un poco hacia delante para beber, y luego vuelve a su posición inicial mientras deja el vaso en la mesa. Tú le haces el espejo unos segundos después: tomas tu vaso con la mano derecha (estás enfrente, recuerda), te inclinas un poco hacia delante al beber, y luego vuelves a tu postura inicial, dejando el vaso.

Puedes practicar el espejo con todo el mundo: familia, amigos, clientes, etc. Todos sirven para ensayar esta técnica (¡y los pondrás de tu parte enseguida!). Luego, adóptala como tu **TMS número 1**. ¡Y disfruta los resultados!

ⓘ Nunca te excedas en su interpretación, pues no es un ejercicio de mimo. Es una TMS muy apropiada para las primeras citas, pero está desaconsejada con chicos especialmente susceptibles, inseguros y con poco sentido del humor. Pero no hay problema, pues sé que no vas a salir con uno de esos.

TMS Nº 2: MUESTRA UN SINCERO INTERÉS. Las personas en general (y los hombres en particular) somos seres centrados, básicamente, en nosotros mismos. Estamos, en principio, más interesados en nuestro bienestar que en el de los demás. Y es natural que sea así.

La gente adora hablar de sí misma, y en especial le gusta oír su nombre en los labios de otro; y muy en especial si ese otro es de su gusto. Haz preguntas que el hombre con el que estás disfrute contestando. Al principio haz preguntas ligeras sobre temas básicos y comunes, y luego profundiza personalizando cada vez más.

Repite en ocasiones, con tus propias palabras, lo que él dice para asegurarte —y asegurarle— de que entiendes lo que está diciendo. Si llegáis a un punto de aburrimiento en la conversación, busca ideas que te interesen y re-dirígela.

Escucha y oye —las dos cosas son importantes— lo que él te está diciendo. Sólo cuando estás verdaderamente atenta captarás lo que él dice y te sentirás interesada de verdad en la conversación (y, de paso, resultarás interesante).

ⓘ Es una técnica apropiada siempre, aunque está desaconsejada con fichajes de baja actividad oratoria, con los que tendrás que hilar una conversación con otra sin respiro. Pero seguro que tampoco tienes una cita con uno de estos chicos.

TMS nº 3: DÉJALO HABLAR. Insistiendo en el punto anterior un poco más acerca de mostrarte sinceramente interesada. Es de gran importancia que lo dejes hablar. Las mujeres somos habladoras por naturaleza, pero a veces tenemos que saber contenernos. Bien, pues esta es una de esas veces. Dale tiempo y ocasión para que él se exprese con comodidad.

La próxima vez que te entregues a una conversación con un hombre, no digas nada después de hacer tu pregunta. Y esto puede significar que no hables durante treinta o cuarenta segundos (¡Glup!). Incluso cuando él parezca haber terminado lo que esté diciendo, no digas nada durante varios segundos. A menudo, él está aún pensando (ya sé, ya sé) y hace una pausa para comenzar a hablar de nuevo.

La gran mayoría de las mujeres interrumpimos la plática de nuestro interlocutor con cierta frecuencia. Ser paciente cuando escuchamos a alguien es una magnífica forma de conectar y conocer mejor a las otras personas (¡chicos incluidos!).

Dejándolo hablar, conocerás mucho más a fondo lo que es, dice y piensa ese hombre. Puede resultar muy interesante.

ⓘ Esta es una técnica muy apropiada siempre. Nunca te precipites ni aportes información innecesaria (aunque quizás tendrás que olvidarla con tipos excesivamente egóticos o terriblemente tímidos).

TMS nº 4: ESTABLECE LA INTENCIÓN, de forma consciente, de saber más y conocer algo mejor a ese hombre, de escucharle de verdad y de disfrutar ese momento. El poder de la intención deliberada es asombroso y, desde luego, es la semilla de cualquier cosa buena, incluido el buen resultado de una cita amorosa.

Espera siempre lo mejor de cualquier encuentro y, como mínimo, pasarás un buen rato.

> ⓘ Esta técnica es siempre apropiada si se aplica con naturalidad, y combina especialmente bien con las TMS 3 y 5.

TMS nº 5: SÉ TÚ MISMA EN TODO MOMENTO. Sé auténtica. Todas las técnicas de seducción actúan por sí mismas, pero sólo son altamente efectivas cuando las pones en marcha con autenticidad, aun cuando las utilices deliberadamente siendo natural.

Cuando eres completamente honesta y hablas con sinceridad (aunque estés metiendo una trola sin importancia, como por ejemplo tu color natural de pelo) irradias una especie de energía a la que la gente no puede evitar querer conectarse. Cuando los otros ven y reconocen ese lado tuyo, están viendo un reflejo de esa parte de sí mismos, ¡y les encanta!

> ⓘ Nunca finjas ser lo que no eres. Si tú no eres lo que él espera, él no es lo que tú estás buscando. No te molestes en emplearla con varones superficiales y aparentones (los reconocerás enseguida porque se estiran y se hinchan cuando hablan).

TMS nº 6: SONRÍE. Cada vez que sonríes, le estás haciendo un regalo al hombre con el que estás y a ti misma. Y a todos nos gustan que nos hagan regalos.

¿Cómo te sientes tú cuando alguien te sonríe abiertamente? ¿Recuerdas alguna vez en que, metida en un ascensor lleno de extraños, alguien te sonrió de repente? La sonrisa es contagiosa, y siempre eleva el ánimo tanto de quien la regala como de quien la recibe. ¡Sigue sonriendo!

ⓘ Nunca conviertas la sonrisa en una mueca falsa. Esta técnica combina muy bien con todas las demás y no está desaconsejada nunca.

TMS nº 7: FORMAS Y CONTENIDO. Puede que te sorprenda saber que la persuasión tiene tanto que ver con cómo lo dices como con qué es lo que estás diciendo. Y cuanto menos tiempo tienes para pensar lo que dices, más importante se hace el cómo lo dices. Así que en momentos de apuro: dale primero la razón, y luego expón tu propio criterio.

No hay nada tan agradable como oír a otra persona decir que tienes razón. Saber que la otra persona respeta tus puntos de vista te predispone inmediatamente a su favor. Bueno, pues a ellos, a los hombres, les pasa lo mismo.

Puedes añadir tus comentarios al final, pero admite y reconoce los suyos: "Estás en lo cierto, pero..."; "Llevas razón, sin embargo pienso que..."; "Estoy de acuerdo, aunque...".

Y, por Dios, en vez de decirle que no ha entendido nada de lo que tú has dicho, dile: "Deja que te lo explique mejor...".

ⓘ No te empeñes en imponer tu punto de vista ni hables de lo que no conoces. Como dice mi amiga Mónique, "mas vale callar y parecer idiota que hablar y evidenciarlo".

TMS nº 8: SÉ [SANAMENTE] EGOISTA. Aunque parezca una contradicción con lo que digo un poco más arriba, no lo es, y ahora lo verás. Tienes que ser egoísta por tu bien y por el de las personas que te rodean, incluidos todos esos hombres estupendos que tanto nos agradan. Así que: diviértete, complácete, conecta contigo misma, sé tú misma y disfrútate; ese debe ser tu principal objetivo. (Volvemos siempre a lo mismo)

¿Predico el egoísmo? Decididamente sí, sí y sí.

Porque a menos que seas egoísta no tienes nada que ofrecer a nadie. Pero cuando eres lo suficientemente egoísta como para estar conectada contigo misma y disfrutar de ello, tienes un enorme y precioso regalo para ofrecer a todo aquel que se te acerque. Solo podemos pensar con nuestra cabeza y sentir con nuestro corazón, y no estamos obligados a hacer por nadie lo que no deseamos hacer por ellos. Y a quien no le guste, que no mire.

Así que este es el último punto, pero quizás el más importante. SÉ EGOÍSTA.

ⓘ Esta técnica combina con todas las demás, siempre es apropiada y evitará que otros anden en deuda contigo y con miedo a que les pases factura. También evitará que abusen de tu encanto y generosidad.

Amén.

Capítulo 13

Herramientas y mandamientos

Este es uno de los capítulos más largos, así que empecemos cuanto antes.

No me cansaré en ningún momento de repetírtelo, así que ármate de paciencia: Interésate por ti misma. Ese es el primer mandamiento y, a la vez, la herramienta básica de este arte de la conquista en el amor (y en cualquier otro arte, ya que estamos en ello).

¡Interésate, interésate, interésate EN TI! Si tú no estás interesada verdaderamente en tu propia vida, nadie más lo estará. Por ley. Saborea cada momento, aunque ese preciso momento no sea tan dulce como un caramelo.

Si un hombre percibe que una mujer disfruta consigo misma y se interesa por sí misma, llegará a la acertada conclusión de que con esa mujer puede conseguir lo que desee y, además, disfrutar con ello.

El hombre más poderoso del planeta y su esposa, Nadine, van a un restaurante de moda. Se les acerca el propietario y les saluda efusivamente llamando a Nadine por su nombre. Cuando acaban los saludos y se retira el restaurador, el hombre más poderoso del planeta le pregunta a su mujer:

—¿De qué lo conoces?
—Fuimos novios en la universidad —responde ella
—Así, si te hubieras casado con él ¿hoy serías la dueña de un restaurante? —le dice cariñosamente irónico Obama a su esposa.
—No —dice ella, también cariñosa y sin ironía—. Él sería hoy el hombre más poderoso del planeta.

Chistes fuera, lo que más desea un hombre en cuanto a relaciones (exceptuando las patologías graves) es, sencillamente, una mujer cercana, honesta, cariñosa, con gracia natural y auto-confianza, que le haga sentir como lo que es: un hombre (sin darle la lata por aburrimiento, o montando escenas de frustración y celos). También quiere que le rían las bromas, claro, pero ese es otro tema.

El hecho de que tu felicidad y contento dependa de ti misma es muy sexy (y muy importante). Vivir tu propia vida es muy sexy (y muy importante). Disfrutar de lo que haces es muy sexy (y muy importante). Porque la espontaneidad y la pasión que ello implica (moderadas según qué casos) es exactamente lo que atraerá a todos los fantásticos hombres que quieras a tu lado. Y olvídate de piernas kilométricas, bocas como morcillas y pechos como melones.

Si aún no es tu caso el estar interesada en ti misma, ponte de inmediato manos a la obra; ¡tienes que hacer algo al respecto *ahora*! Haz una lista de cosas que te gustaría ver, conocer o visitar en tu ciudad. Muchas son baratas y otras muchas son gratis, así que el presupuesto no es excusa válida.

¡Sal y entérate de qué se cuece en tu ciudad! Luego proponte hacer una rutina de un par de veces al mes para tener una "cita artística" contigo misma (y disfrutarla, claro). Y si te quedas sin estatuas o edificios singulares, ¡visita otro barrio!

En lugar de ir todas las tardes-noches a sentarte delante de la tele, contempla la posibilidad de dedicar alguna de ellas a hacer algo de "ejercicio diferente" (Kick Boxing, esgrima, bolos). Es muy divertido y conocerás a gente —tanto hombres como mujeres— agradable e interesante, y con la que tienes algo en común. ¡Amplía tu círculo social interesándote en algo más que en tu oficina y en las noticias!

También puedes, según tus aficiones, tomar clases de pintura, cocina india, literatura checa o cultura sudanesa. ¡Interésate por otras cosas! Si te pasas la vida del despacho a casa y de casa al despacho, por ley natural atraerás a gente con una vida muy parecida a la que tú llevas. Y, sinceramente, una relación de esas características te parecerá muy poco sexy y será tremendamente aburrida.

En las Juntas Municipales y Bibliotecas públicas siempre ofrecen clases variadas a precios mínimos. En lugar de tabaco, ¡compra cursos! Además, algunos de ellos son incluso gratuitos. Te lo repito: el presupuesto no es excusa válida para tener una vida poco interesante.

> ¿Sabías que si pasas un pez doméstico de la pecera a un lago continuará nadando en el mismo pequeño círculo que cuando lo tenías en casa? ¿Por qué? Porque el pececito aceptó en su día que si nadaba más allá de ese círculo se daría de narices en el cristal. Y siguió haciéndolo siempre así para no dañarse. Al cabo del tiempo, otra alternativa es "imposible" para él.

¡No seas pececito! Cuando cuestionas tus creencias, estás cuestionando tus limitaciones. Si esas creencias te son de utilidad, podrán soportar el escrutinio. Pero si no lo hacen, es hora de despacharlas, remozarlas o reemplazarlas por algunas que sí te sean útiles.

Una vez establecida la prioridad absoluta, aquí tienes los otros mandamientos que deberías seguir al pie de la letra:

Tener una vida propia interesante y activa. No tiene por qué ser una vida exotiquísima ni especialmente aventurera. Se trata, sencillamente, de tener una vida en la que abunden cosas, aficiones y situaciones que te apasionen *a ti*. Siento repetirlo, pero es por si te habías saltado todo lo anterior.

Salir con muchos hombres. Es natural y fundamental. Es realmente necesario salir con muchos hombres si estás de verdad interesada en encontrar a aquél que consideras adecuado para ti, don Ideal.

> Pero si lo que quieres es divertirte picando de flor en flor (que también está muy bien) bájate el escote, súbete la falda y salta directamente al capítulo de la ropa interior sexy).

Tus oportunidades de encontrar a ese hombre, el sin par entre iguales, crecen en proporción directa al número de hombres que conoces: cuantos más, mejor. Deberías hacer un esfuerzo real en ampliar tus horizontes sociales, estableciendo objetivos claros que te parezcan adecuados para ti.

> Si te quedas todas las tardes en el café de la esquina de tu casa preguntándote dónde demonios están esos mil millones de hombres disponibles de los que hablo… ¿adivinas qué ocurrirá?

Además, salir con muchos hombres tiene la ventaja de que aumenta paso a paso tu confianza en tu comportamiento social y en la forma en que te relacionas con ellos. Y algo mucho más importante es que cubre una necesidad básica en nuestra vida: la necesidad de saber diferenciar entre lo que es adecuado para ti y lo que no lo es. Cuantos más conoces y tratas, más afinas a la hora de elegir. ¡Es supervivencia!

Las mujeres que salen con poquísimos hombres raramente ven llegar una mala relación y se meten en ella a ciegas... Y acaban creyendo que las relaciones fantásticas son una utopía y que los "hombres buenos" son una fantasía. Y eso no es cierto. Abundan los hombres buenos y las buenas relaciones también. Doy fe.

Lo mejor para todos los implicados en este asunto (incluidos tu perro y tu jefe) es que sepas lo que es bueno para ti y no te conformes con menos. Y eso lo consigues conociendo (¡y probando!) a muchos hombres estupendos. Cuando no salen con muchos hombres, hay mujeres que tienden a bajar su listón y acaban por conformarse con algo (o mucho) menos de lo que realmente desean. Acaban por comprometerse con el primero que les sonríe ampliamente, les paga una cena o les da un besazo de tornillo bien dado (que es difícil, otro arte digno de estudio).

Así pues, ten todas las citas divertidas que puedas antes de decidirte y hacer tu elección. Las presidenciales norteamericanas son un buen sistema de elección, ¿no crees? Dan un montón de vueltas hasta que se deciden por el afortunado candidato. ¡Sé americana en tu elección!

> ⊖ Una advertencia: Por supuesto, los hombres no quieren hablar de tu vida romántica anterior, y menos si ha sido profusa y muy, muy divertida.

Pero sí quieren disfrutar de todas las ventajas que esto proporciona —a ti y, de rebote, a él—, como por ejemplo:

- ✔ Seguridad en ti misma.
- ✔ Autonomía: la tienes y la quieres.
- ✔ Tu capacidad de reconocer lo bueno cuando lo ves.
- ✔ Saber divertirte con alguien sin tener que simular que eres otra.
- ✔ Saber qué te hace sentirte cómoda.
- ✔ Qué quieres en este mundo, aparte de una relación.

En fin, todas esas cosas tan sexys, ya sabes.

Mantén parte de tu misterio. Un poquito de misterio produce grandes beneficios en las relaciones.

A pesar de que hay guías y libros que predican lo contrario, no estoy a favor de trampear, mentir ni engañar. Conducir deliberadamente a malentendido o engaño, interpretaciones erróneas, o dar a entender lo que no es, *es anti-conquista* y, a la larga, dañará todo lo que quieras construir en esa relación. Así que las mentiras para las sosas y las inseguras, ¡hombre ya! El engaño no tiene nada que ver con el misterio.

Con un poco de misterio me refiero a que no le relates tu biografía completa en las dos primeras citas. No vas a mentir, pero tampoco le vas a contar la historia de tu vida a cada hombre con el que tengas una cita.

¿Por qué? Porque lo que queremos —y ellos quieren también— en esas primeras citas es mantener las cosas en un punto ligero, divertido y fresco. No vayas deprisa —ni dejes que corra él—. No le tires encima todo el contenido de tu vida de golpe. Parecerás ansiosa, desesperada o borracha. Y, en realidad, eres una mujer fantástica y deseable que no necesita esa actitud patética para conquistar a cualquier hombre que se te ponga por delante.

Disfruta de tu espacio propio. Tampoco me cansaré de repetir esto, aunque corra el riesgo de parecerte pesadísima, pero es fundamental.

Los hombres se asustan (y huyen despavoridos) cuando dependemos de ellos para todo. Les gusta hacer cosas por ti, sí, pero no porque lo necesites, sino porque quieran ellos. Los hombres aman a las mujeres que tienen vida propia y habilidades para sacarla adelante. Y, por supuesto, aman también su propia independencia (más que la tuya incluso). Aunque te hayan dicho otra cosa o no sepan salir adelante ellos solitos.

La frase "quiero ser [sentirme] libre"
es de ellos, no de las feministas.

Cuando pretendes pasar todo tu (y su) tiempo con él la relación se enrancia, pierde frescura y se llena de aburrimiento. (Y si es él el que se comporta así, exige tu espacio). Además, es absolutamente insano. Tanto la una como el otro necesitáis tiempo a solas, tiempo con otros amigos, tiempo para otras actividades. Que la vida es muy larga, y si la quieres compartir con otra persona vale más que os deis espacio.

Una noche sola o con tus amigas de vez en cuando es *imprescindible* para tu salud mental. Y su tiempo "de chicos" es igual de importante para él. ¿No es fantástico que no tengas que tragarte *tú* un rollo de partido de fútbol? Deja que lo disfrute él con otros aficionados, ¡es un derecho inalienable de ambos!

Una de las formas más seguras que existen de estropear la atracción y el encanto de cualquier conquista es la de asfixiar a tu chico o dejar que él te asfixie a tí. Daos espacio y... querréis estar juntos por siempre jamás.

Deja las cosas claras desde el principio. Si lo que estás buscando en realidad es una relación con futuro y compromiso, no te acuestes con él enseguida. Hazte rogar, hazle esperar.

Todas sabemos que a los chicos les gustan los retos. ¿Por qué quitarles esa ilusión?

Puede sonar exagerado o anticuado, pero los hombres de antes contaban con tener que planear la cita, ir a recoger a la chica e invitarla a tomar algo o al cine para, luego, llevarla a casa sana y salva al toque de queda. Y el chico se esforzaba mucho y superaba con ilusión las dificultades que venían con esa cita. Y ambos la disfrutaban a todo meter.

Ahora ya no es así, casi nunca: se queda "a mitad de camino", se paga a medias, se sientan antes que tú... ¡Vaya modales! Y luego, encima, se quieren acostar contigo de inmediato, ¡qué frescos! No han entendido nada de lo que persigue el feminismo. Pero lo peor es que muchas de nosotras tampoco. Una lástima.

Hablando ahora en serio: por mucho que desees llegar a la intimidad física con un hombre que te interesa de verdad, permitir que eso ocurra de forma casual en la primera o segunda cita puede dañar más que beneficiar esa relación que deseas. ¡¡No hay esfuerzo, y él echará de menos tener que hacerlo!!

Cuando ocurre eso, se desinfla su ego cazador aunque se hinche su otra mitad (ya sabemos que la mitad del hombre es ego).

Tú tienes algo que él quiere, pero como cazador quiere correr detrás de ti para cogerlo.

Quiere acostarse contigo, claro que sí, ¡y cuanto antes! Es hombre y tiene la única condición que necesita para querer sexo contigo: está vivo. Y probablemente tú también quieras; doy por hecho que también estás viva.

Pero ten en cuenta que, una vez que te has acostado con él, ya no puedes dar marcha atrás, así que alarga el período de intimidad emocional sin sexo completo todo lo que puedas. Ve poco a poco. Así mantendrás la ilusión en el ánimo de ambos. Verás que cada centímetro que le dejes ganar en ese terreno será mucho más placentero. Además, tu chico entenderá que tiene que ganarse el derecho a estar contigo, ¡faltaría más!

(Y esa sensación les gusta cuando se sienten atraídos por ti. ¿Quién los entiende?)

Para evitar que los envidiosos tilden este enfoque de excesivamente conservador, insistiré en que su aplicación tendrá en consideración, al menos, dos cuestiones básicas:

Practicar el sexo en la primera cita no es pecado social ni nos convierte en presa fácil, vulgo pendón verbenero. Esta decisión es una simple cuestión de oportunidad y deseo que no implica necesariamente ni próxima cita, ni amor eterno, ni matrimonio... O tal vez sí. Si el interés es recíproco, la relación continuará.

El manejo de la psicología y la propia intuición es fundamental para saber lo que busca y espera de la relación el contrario. A pesar de todo, mi consejo es seguir la natural trayectoria de los encuentros, y estos decidirán el camino a seguir.

Sentirse cómoda es lo fundamental. En caso de duda, haz lo que te digan tus adentros.

Recuerda...

- ✔ Conquistar es un arte que se re-aprende.

- ✔ Ten una vida propia e interesante, es fundamental (para ti y para el mundo).
- ✔ Sal con muchos hombres y diviértete con ellos.
- ✔ Ten una fe ciega en ti y en tu valía personal.

TRABAJO DE CAMPO

Da una vuelta por tu barrio de una media hora. Sal sola, *y andando*. Presta atención, abre los ojos y mira. Anda con la expectativa de encontrar cosas interesantes: puestos, edificios, tiendas, mercados, kioskos o bares. Si algo te llama la atención en especial, entra y conócelo por dentro. Estudia cada rincón. Luego, llama a una amiga y cuéntale tu experiencia y todo lo que has descubierto de tu barrio en esa cita a solas, así lo retendrás mejor en la memoria y, más importante aún, volverás a disfrutar esa cita a solas.

Acción Importante: ¿Por qué no proponerte tener una de estas "citas artísticas" contigo misma una vez a la semana, o un par de veces al mes, por lo menos? Apúntate a ti misma en tu apretada agenda y sal sola a pasear.

Como en cualquier otra circunstancia
de tu vida, el elemento más importante,
absolutamente crucial en una cita amorosa,
eres TÚ.

Luci Collantes

Capítulo 14

Las Primeras Citas

¡Me encanta la expresión "Primera Cita"! Yo siempre la escribo con mayúsculas. Es sugerente, da información difusa y equívoca acerca de posibles aventuras, y me pone muy, muy nerviosa... En fin.

Volviendo a la parte práctica del asunto que nos ocupa, lo cierto es que debes tener en cuenta que tardarás —por regla general— algo más de una cita en saber con seguridad cómo te sientes realmente acerca de un hombre. Y ellos tardarán también algo más de una cita en descubrir la maravilla que tienen delante. (Hay gente que cree en el amor a primera vista y hay gente que necesita pasar o que le pasen por delante dos o tres veces más.)

Incluso si tu Primera Cita con un hombre no da como resultado una química instantánea y un amor inmediato y fulminante, no significa que esos sentimientos no se puedan desarrollar con el tiempo. Una vez que te deshagas de tus nervios (y de los suyos), y lleguéis a conocer a quienes hay detrás de su corbata y tu minifalda, todo es posible.

> La próxima vez que te sientas insegura acerca de tu interés por alguien, dale una segunda e incluso una tercera oportunidad.

¡Quizás te lleves una sorpresa! Eso sí, mientras tanto, sigue diciendo sí a todas las citas que te surjan. ¡Una cosa no tiene nada que ver con la otra!

Veamos, en cualquier caso, qué actitud tomar en esas Primeras Citas tan excitantes en potencia.

Aquí te recuerdo lo fundamental:

- ✔ Comprueba con qué frecuencia habla de sí mismo y compáralo con la frecuencia con que hace preguntas sobre ti. Así, decidas volver a verlo o no, no irás engañada a tu próxima cita con él.
- ✔ Pregúntale algo diferente al clásico de los 70: "¿Estudias o trabajas?". Sé original.
- ✔ Permite y da **solo** lo que te haga sentir cómoda. No estás a la venta ni te estás jugando la vida en esa cita.
- ✔ Mantén un poco de misterio siempre: no le cuentes nunca la historia completa de tu vida.
- ✔ Obsérvalo con detenimiento. No te dejes llevar por la primera impresión; deja que actúe, que se mueva, que hable, que opine, que gesticule, etc. ¿Qué sensaciones te produce?
- ✔ No te toques mucho a ti misma a pesar de lo que recomiendan los manuales clásicos. Si te muerdes mucho los labios, él puede pensar (equivocadamente, desde luego) que estás al borde de un ataque de nervios. Y si te tocas mucho el pelo, parecerás tonta y nerviosa. Todo con moderación, recuérdalo.
- ✔ No te pongas perfumes fuertes ni demasiado exóticos; los hombres se marean con facilidad.
- ✔ No critiques ningún aspecto suyo (ya tendrás tiempo)
- ✔ Tus ex son eso: tus ex. No hables de ellos; es una información absolutamente innecesaria en su vida (y en la tuya).
- ✔ No bromees ni te rías de los defectos que crees tener; sólo los ves tú. Tu nariz no tiene caballete, tu nariz es un clásico de la belleza griega. No tienes los muslos gordos, sino dos espectaculares y maravillosas columnas dóricas absolutamente deseables.
- ✔ No te quejes ni critiques. Es una primera cita, nada más, y para beneficio de ambos lo mejor es tomarse las cosas a la ligera. Aunque te fastidie que el camarero haya sido torpe y derramado el vino sobre tu blusa nueva, déjalo estar con una sonrisa y buen humor.
- ✔ No expongas tus pretensiones amorosas en la primera cita. Se supone que si estás ahí es porque quieres estar con un hombre. Así que esa información debe fluir en la misma medida en que lo haga la relación con esa persona.

✔ No te muestres complaciente porque sí con todo lo que él diga o haga; resulta muy cansino y poco estimulante. Expón siempre tus opiniones, y hazlo con simpatía y amabilidad.

✔ Manipulación, engaño deliberado: **no, no y no**. Pero tampoco cuentes todo, mantén un poco de intriga por ahora. Hay cosas que no interesan a un chico a menos que hayáis llegado a un nivel de relación más cercano.

A pesar de que, muy a menudo, estas Primeras Citas son una mezcla de excitación, ansiedad, interés, curiosidad, diversión y enfado, no vamos a renunciar a ellas.

En resumen: las Primeras Citas producen siempre cierta confusión, pero no nos acobardarán. Si ocurriera eso, ¡se acabaría la raza humana! Y no ha llegado aún la hora de nuestra extinción, ni muchísimo menos.

Apuntes divertidos sobre Primeras Citas:

Sean terribles o salgan bien, las Primeras Citas siempre dan muchísimo juego. Por ejemplo, en las conversaciones con tus amigas cuando os juntáis para una noche de chicas.

Os divertiréis contando vuestras Peores Primeras Citas, todos esos fracasos estruendosos que en su día pensasteis que no podríais superar nunca. Antes de que os deis cuenta, estaréis contándoos historias de amor y guerra que harán de vuestra noche una delicia y estrecharán vuestros lazos de amistad: al saber que todas habéis pasado por ahí, ese rastro de envidia sutil e inevitable que existe entre casi todas las mujeres —por muy amigas que sean—, desaparece por arte de magia (casi siempre), durante al menos ese rato.

Saldrán citas a ciegas, el chico ese que conociste en el supermercado y que te juró que tú eras el amor de su vida entre latas de tomate triturado; aquél que encontraste por Internet y que no se parecía nada a la foto que te había enviado días antes; el ejecutivo agresivo que con 35 años vive todavía con mamá; el perfeccionista de pelo engominado que te señaló esa carrera en tus medias que tratabas de ocultar con valentía y destreza insuperables; o aquél al que le sentaba el maquillaje incluso mejor que a ti.

Cada cita contada resulta más cómica que la anterior. Y acabáis todas animadísimas, con lágrimas en los ojos y dolor de tripa del rato que lleváis riéndoos de todos esos amores que tanto prometían y que esas Primeras Citas abortaron sin piedad.

Y esto es lo bueno de las citas desastrosas: pareciendo insuperables mientras las sufres, acaban siendo tiernas historias de amor y risa, tema de conversación divertida con tus amigas (aunque haya de pasar un tiempo para verlo de ese modo). No las tires a la basura, recíclalas en puntos a comentar en tertulias femeninas, o acude a ellas cuando necesites un recuerdo gracioso y tierno. Ya sabes que la risa tiene un efecto terapéutico enorme.

Capítulo 15

El resurgir de las chicas buenas

Resulta curioso que, después de todo el esfuerzo que han hecho las feministas y otras chicas malas por nosotras, ahora está surgiendo un nuevo movimiento: el de la *Chica Complaciente*. Aunque, en realidad, es un movimiento más viejo que el mismísimo mundo. De hecho, todas fuimos complacientes en las cavernas; como ya hemos visto no nos quedaba otro remedio (y así empezó todo).

Ya sabes a lo que me refiero. Ese movimiento al que pertenecen las mujeres que siempre intentan disimular o contener lo que piensan o desean en realidad, las "mujeres sí, señor".

Renuncian siempre y de antemano a lo que realmente desean en aras de complacer al hombre y mantenerlo a su lado a toda costa. Lo que piensan, desean y son queda guardado bajo una suave capa de esforzada felicidad sonriente. A veces es una capa tan profunda que acaba por desaparecer.

Lo que realmente piensan las chicas complacientes que conseguirán es: "él me querrá más y para siempre si intento con empeño hacerle feliz". O sea, decirle a todo que sí. Cuidar de la relación cuidando el ego de él y descuidando el propio.

Posiblemente ahora estés pensando: "Aaaahhh, sí, esas pobres mujeres que dejan que los hombres pisen sus anhelos y critiquen sus ilusiones...". Pero, oye, ¡despierta!, que estamos hablando de mujeres normales que conoces y que ves cada día; esas que solo saben ser queridas a costa de lo que sea. A veces, a costa de sí mismas. Y la mayor parte del tiempo no saben siquiera que están actuando así.

Debes saber que una gran mayoría de mujeres creen que deberían, en el fondo y de forma inconsciente, actuar de esa manera. Y no hablo de tontas o *marujas* en el término despectivo que se le da a la palabra, sino que hablo de médicas, abogadas, empresarias exitosas, contables creativas o deportistas de élite... Están en absolutamente todos los campos de la actividad humana.

Y no es que no tengan personalidad, o no tengan sangre en las venas, como muchas veces se ha dicho de forma desdeñosa, no. Es que las mujeres llevamos en el ADN un gen extra contra el que, a veces, hay que luchar con firmeza. Pero primero hay que saber qué hace ese curioso gen extra contra nosotras...

Como ya he dicho en estas páginas, las mujeres somos por naturaleza y tradición —salvo honrosas excepciones— "dadoras" más que "receptoras", y estamos programadas casi por defecto para anteponer las necesidades y los deseos de otros a los nuestros. Y ese hábito masoca, por raro que te parezca, es difícil de romper (y si no, fíjate en la cantidad de cursos que hay para ello).

Tenemos que empeñarnos en que no resurja el nuevo-antiguo movimiento de la complacencia unilateral femenina, y se instaure de nuevo como forma probable —y mucho menos como única posible— de ser mujer y ejercer de tal en nuestras relaciones con el sexo opuesto. Tenemos que empeñarnos por nosotras mismas y por nuestras hijas.

Porque eso, desgraciadamente, no convierte una relación en felicísima, ni mucho menos. Aunque parezca ir como la seda al principio, en realidad es un veneno mortal, para ti y para la relación. De hecho, te aconsejo una dosis fija de "desconsideración consciente" (que no crueldad) en tu nueva y gratificante vida de seductora.

Y este consejo va dirigido, con mucho cariño pero con toda firmeza, a las mujeres que tienen el problema de ser compulsivamente solícitas con los hombres. Sabrás si tú lo eres porque no tendrás problemas en atraer a los hombres pero, después de unas cuantas citas, éstos parecerán perder el interés por ti sin una razón clara. ¡Con lo bien que te portas! Mmmmm...

La complaciente es esa clase de mujer que siempre dice sí aunque esté pensando no, que siempre deja que sea él quien elija la película o el restaurante, que se asegura de que él no pierde su teléfono mediante el envío diario de correos electrónicos o sms; o que cuenta su vida completa en la primera cita con él; esa que siempre lo está llamando. Esa que se ocupa de mostrarle cuanto antes todas sus hazañas y posesiones, por si acaso ella sola no es suficiente.

Las mujeres no complacientes en exceso, y que son ya "conscientemente desconsideradas", son mujeres seguras y con un alto grado de autoconfianza y sentido de valía personal. Son esas mujeres que no tienen problemas en mantenerse y mantener su vida sobre las mismas bases siempre, **haya un hombre a su lado o no.** (Y no tiene nada que ver con su éxito profesional.)

Si tú ya eres una mujer así, añadir más desconsideración no es necesario. Es más, un exceso consciente de desconsideración también daña las relaciones, los sentimientos de otros y a ti misma. Tienes que encontrar el punto justo. Y eso solo lo consigues siendo sincera con lo que quieres y con lo que no estás dispuesta a tragar. Así mismo.

Sin ser manipuladoras ni masculinas, y sin jugar el juego clásico del "ahora sí, ahora no", estas mujeres conscientemente desconsideradas son felicísimas porque saben lo que quieren y van a por ello. Y es al lado de estas mujeres donde a todos, incluidos los hombres, nos apetece estar. Toma nota de esto.

Esa es la meta. Todo empieza por ti misma. Cuando tienes todo, puedes darlo todo. Cuando no lo tienes, intentas conseguirlo por la fuerza y, antes de darte cuenta, ¡zas!, te has convertido en complaciente. Además, las chicas complacientes pasan después unas facturas altísimas, que no hay quien pague sin quedarse en la ruina... ¡Menudas son a la hora de cobrar!

Bueno, ¿y cómo alcanzar esa nuestra meta?

Voy a ponerte un ejemplo de cómo se comportaría una mujer conscientemente desconsiderada y otra complaciente, y de qué pasaría por sus cabezas en una situación bastante habitual (con suerte): Han salido con un hombre estupendo y él se mostró encantado durante la cita. Al final de la misma, él dice que la llamará.

Primer caso: Pasan los días y no llama.

¿Qué pasa entonces? Nada. No hay coma ni punto y seguido.

La chica no complaciente sabe que, después de una primera o segunda cita, un lapso de tres días sin saber del contrario significa que él no tiene interés. Ella sabe que lo mejor que puede hacer es... ¡pasar al siguiente!.

> La chica complaciente se preguntará si él ha perdido su teléfono, o estará enfermo, o en el sepelio de su madre, o de viaje de negocios, o...

Y se asegurará de que "recupere" sus datos llamándole, escribiéndole sms, o "pasando casualmente" por su oficina, o... (cualquier cosa).

Segundo caso: él vuelve a llamar.

¿Qué pasa entonces? Si las cosas van bien, seguirán saliendo. Y entonces:

La chica complaciente se preguntará si debería pedir la salsa roquefort, como él; o si debería de tener sexo con él enseguida; o si debería ponerse la falda más corta la próxima vez; o si debería haberse interesado por su madre o por su ex; o si debería haber... bla, bla, bla.

Y, ante la presión de la duda, decidirá entonces que será lo que su chico desee, porque al fin y al cabo, en una relación hay que saber ceder, ¿no? Y a partir de ahí pedirá permiso, parecer y validación para cualquier paso que vaya a dar. Esperará estoicamente al lado del teléfono y su agenda dependerá de si hay llamada o no... Y dejará, por supuesto, de ver a otros hombres después de la segunda o tercera citas. Y le dirá me gustas mucho y te quiero antes de que lo haga él.

> La chica no complaciente no pasa su tiempo al lado del teléfono, tiene muchos planes alternativos; si él llama y ella no está disponible, él sabrá que la próxima vez ha de llamar antes. Ella pedirá boloñesa si le gusta más que la roquefort; y desde luego tendrán sexo cuando los dos quieran, no cuando solo quiera él.

Y mientras no le pida exclusividad él, ella seguirá saliendo con otros hombres. No dirá te quiero hasta que no pueda decirlo con sinceridad, y siempre después de oírselo decir a él.

Mira, belleza, la única forma en que vas a desarrollar y mantener tu estatus de mujer deseable es no delegando en otros —sean hombres o mujeres, niños o perros— el hecho de tener una buena vida. Cuando delegas esto en otros te conviertes en una mujer necesitada, impaciente y resentida, celosa y aburridísima (para ti y para los demás). Esperas que te faciliten cosas que deberías de conseguir por ti misma (diversión, una vida interesante, entretenimiento). Y eso solo crea frustración y *mata la atracción,* que lo sepas.

En cambio, cuando actúas como el premio que sabes que eres, captas la atención de la gente y, a la vez, te deshaces de todo lo indeseable y sobrante de tu vida, mientras limpias simultáneamente el camino para que entre en ella gente que te va a apreciar de verdad.

Si tú no te tratas como una
mujer valiosa —y no estoy hablando de
soberbia ni chulería, sino de auténtico
aprecio por tu persona— los hombres nunca
te tratarán como tal.

Capítulo 16

¿Dónde encontrar hombres para practicar la conquista?

En el caso de que desees conquistar a un hombre y quedártelo para ti sola y para siempre, primero has de encontrar aquél que merezca tu tiempo, esfuerzo y atención. Mira tu "mapa de virtudes" y recréate en él. Luego, actúa.

En el caso de que ya tengas a tu objetivo en el punto de mira, considérate una mujer fantástica: sabiéndolo o sin saberlo, has seguido las pautas que te recuerdo en este libro. Si no hay ninguno en tu horizonte cercano ahora mismo, necesitas algo más que simple suerte y poder recitar este libro de memoria. Como te decía antes, tienes que salir y buscar.

> Parece atemorizador pero, por suerte, no es tan difícil como crees. Se trata solo de practicar el juego de las posibilidades: conoce cuanta gente puedas en 30 días (todos ellos seguidos, un mes completo) y tus posibilidades serán mucho más altas que si continúas sentada en el sofá.

En cuanto al "cómo y dónde" conocer hombres, todas hemos escuchado los mismos consejos cientos de veces desde que tenemos memoria, y los hemos desechado otras tantas por encontrarlos pasados de moda, tontos o imposibles de seguir. Francamente, no pensábamos que nos llevarían a ningún lado en ningún momento de nuestra vida de conquistadoras activas. Pero la realidad es que si miramos esos consejos por la otra cara que tienen (sus otras posibilidades), nos encontramos con un montón de alternativas en las que no habíamos pensado y, por lo tanto, un horizonte mucho más amplio y soleado.

Piensa, por ejemplo, en éstas:

- Ante el clásico "Visita una biblioteca", siempre pensábamos: "¡Por favor! Las bibliotecas son tranquilas, viejas y están casi siempre vacías. La única persona con la que me encontraré será el bibliotecario. Y eso si tengo la suerte de que sea chico".

Otra cara de esta moneda: *Ve a por el bibliotecario.*

Los empleados de cualquier servicio relacionado con el público están esperando que te acerques y les hables. Allá donde vas —librería, cafetería, tienda de bicicletas— te está esperando una multitud de hombres con los que es fácil iniciar una conversación porque siempre tienes una excusa para ello. No solo eso sino que tienes también una buena oportunidad de repetir el contacto con ese hombre porque tienes una buena excusa para seguir visitando ese lugar. Y es la exposición repetitiva lo que incrementa las oportunidades de una persona para conseguir una cita con *el uno* que deseas.

- Ante el clásico "Vete de copas (o de bares)", pensábamos: "¡Sí, sí; lo haría si quisiera pasar mis noches de sábado bebiendo cerveza y oyendo hablar de fútbol!".

La otra cara de esta moneda: *Toma clases de coctelería y trabaja como camarera en la barra de un bar.*

Estos lugares están llenos de hombres jóvenes, más que bien parecidos, aprendiendo a preparar copas exóticas como Dios manda. La exposición repetida, el contacto visual y la excitación de aprender algo nuevo —y diferente a todo lo que habías hecho hasta ahora— te dará una gran oportunidad de conocer a alguien que te guste y con el que tienes ya algo en común (al menos, de momento).

Y si no lo has conocido en clase, un trabajo en la barra de un bar —o de un restaurante o discoteca— te proporcionará más citas que en ningún otro lugar. Anímate, nunca sabes para qué puede servirte en el futuro saber hacer cócteles de diseño…

‣ Ante el clásico "Apúntate a unas clases de cocina", pensábamos: "¿Clases de cocina? Bueno, quizás lo haría si quisiera conocer a más mujeres y a unos cuantos gays".

La otra cara de esta moneda: *Los propietarios, directores y chefs de los restaurantes son buenos objetivos siempre.*

Ve a un restaurante nuevo cada semana durante seis, y pide ver al director, al chef o al propietario, y felicítalos. Querrán saber tu nombre, ¡y te recordarán la próxima vez que vayas!

El propietario de un restaurante —o de cualquier otro establecimiento del mundillo de la hostelería— se sentirá orgulloso, y agradecerá los cumplidos que una estupenda mujer haga de su trabajo. Vivís en el mismo barrio, los dos amáis la buena cocina y puedes verlo tantas veces como quieras. El te regalará con el trato especial de la casa desde el primer día, no lo dudes.

‣ Ante el clásico "Lígate a tu jefe", pensábamos: "Siempre se ha dicho que no hay que meter la polla en la olla, por algo será. No puedo jugarme mi puesto de trabajo".

La otra cara de esta moneda: *Un trabajo a tiempo parcial en el sector de servicios directos (tiendas, restaurantes, etc.) o cualquier otro lugar por donde circula habitualmente una gran cantidad de personas, pondrá a tu distancia de tiro a cientos de hombres que necesitan tu ayuda.*

Tanto si son compañeros de trabajo como clientes o vecinos amistosos de ese barrio, pedirán tu ayuda continuamente. Además, con el dinero extra de ese trabajo a tiempo parcial, podrás comprarte una magnífica minifalda nueva.

Y hay otros muchos lugares: Clases de finanzas personales (que nunca nos viene mal), convenciones y congresos (éste es muy bueno), vacaciones organizadas para singles, clases de tenis o golf, clases de tango, festivales de música, actos culturales (mira la agenda del periódico de tu localidad)... Y las fiestas de tus amigos.

Un clásico de todos los tiempos sigue siendo más que válido: saca a pasear a tu perro (y si no tienes uno, pídelo prestado).

Decidas lo que decidas a este respecto, proponte salir y conocer gente nueva. Vuelve a casa por un camino diferente cada vez, acepta invitaciones a cualquier evento durante un mes seguido (¿por qué no este mismo? ¿Para qué esperar más?). Encuentra nuevos intereses... Y mucha gente nueva entrará en tu vida.

Hay montones de formas —literalmente— de conocer más gente y de introducirla en tu vida, pero lo más importante es que te asegures de hacerlo. Jugar a las posibilidades funciona (son números, recuerda; ¡y los números son una ciencia exacta! O eso dicen todos, al menos).

Y cuando encuentres a un chico especial para ti, tu don Ideal (o uno de ellos), recordarás agradecida aquel cursillo que hiciste o aquel museo que visitaste aquel día de noviembre...

ⓘ Olvídate de lanzar señales vagas, como miradas perdidas y acercamientos difusos. Hay tantos y tan variados modelos de ellas, que cualquier cosa podría interpretarse como muestra de interés por tu parte y te crearía situaciones absurdas. A excepción del clásico "¡Déjame en paz o llamaré a la policía!", claro. Y a veces ni aún así… Tus señales han de ser claras, dejando saber únicamente lo que de verdad te interesa y deseas.

Una cita a ciegas puede convertirse
tanto en el sueño de tu vida
como en tu peor pesadilla.

Capítulo 17

Kereres-on-line: Amor en la Red

Sin duda, uno de los territorios más poblados del planeta Tierra es Internet (y, posiblemente, de cualquier otro planeta). Ese espacio intangible, inmenso e invisible, está hiperhabitado.

La red abarca en sí misma mucha más variedad y cantidad de personas que cualquier país físico del mundo (concretamente, la red social *Facebook* solo tiene menos habitantes que India y China, como digo en un capítulo anterior). Hoy día, en el llamado primer mundo somos incapaces de imaginar una casa o un despacho del tipo que sea sin un ordenador y su correspondiente conexión a la red.

En ese universo paralelo lo mismo te encuentras con enciclopedias y diccionarios, que con despachos de abogados o clases de cocina, la última dieta o lo mejor para la piel, la lencería más atrevida o el porno más duro.

Y, por supuesto, también encuentras ahí —y en abundancia— páginas de contactos: Meeticaffinity.com, Match.com, e-darling.com,etc. Una lista muy larga de sitios donde puedes conocer al hombre de tus sueños (o a un montón de ellos).

Supe dc este método de conocer chicos estupendos a través de una amiga y me quedé fascinada y asustada a partes iguales con sus explicaciones y andanzas amorosas por la red. Era capaz de imaginar las más terroríficas escenas de rapto y violación (con asesinato sangriento), así como las situaciones más románticas de encuentros imposibles con alguna de mis almas gemelas (que no hay que perder la esperanza de tener varias y no solo una).

Como creo que no hay forma mejor de conocer las cosas que probarlas tú misma para hacerte una idea fiable de cualquier asunto, me metí muy decidida en el universo paralelo de los romances y empecé a familiarizarme con él.

Desde entonces, también montones de amigos míos conocen a otras personas por este método. Y muchos han encontrado así su pareja ideal. ¡Algunos incluso se han casado! Y el primer chico que conocí en este lugar invisible es hoy uno de mis mejores amigos.

Como en cualquier otro territorio comanche, es aconsejable meterse en este con un mapa, aunque solo esté ligeramente trazado. Los motivos para ello son claros: tu seguridad y el máximo ahorro de tu tiempo y energía. Así que, vamos a trazar ese mapa.

¿Cuál es el objeto de las páginas virtuales de contactos?

Si eres completamente nueva en este asunto de los *kereres online*, o amor en la red, puede que te preguntes cuál es el protocolo de acceso y comportamiento de estos sitios, y qué puedes esperar de ellos.

Como es obvio, el objetivo de estas páginas es poner en contacto a la gente que esté buscando pareja, cuanta más mejor, a la que de otra forma les sería prácticamente imposible contactar entre sí.

Y su fin último es, siempre, propiciar una relación y que paguen por ello. Y la gente paga gustosa porque entra buscando precisamente eso que estas páginas ofrecen: la posibilidad real de una relación.

Amorosa, sexual, amistosa o de una sola noche, el fin de todo aquel que entra activamente en estas páginas es encontrar a la persona con la que mantener el tipo de relación que buscamos. Bien, pues estas páginas nos facilitan el contacto con esos futuribles (virtuales en principio, eso sí).

En cuanto al protocolo a seguir, realmente nadie puede presumir de conocerlo a la perfección, dado que es una forma relativamente nueva de entrar en contacto con miembros del sexo opuesto. Y quizás también porque aún ni siquiera existe tal protocolo. A mí, desde luego, no me consta.

Como en toda tecnología punta en parte desconocida, el método a seguir es "intuitivo". Más que unos códigos culturales y sociales predeterminados, lo que decide si algo es o no es aceptable para ti, es el cómo utilices estos sitios de la red y cómo te sientas tú al respecto.

Dependiendo en gran medida de lo que persigues, así tendrás que actuar.

Por ejemplo, si solo pretendes entretenimiento, el mantener tu actividad social virtual de forma indefinida mientras te tomas un café y chateas, está bien. Hay mucha gente en esas páginas de contactos que disfrutan, sencillamente, de eso: el contacto virtual. Sin pretensiones de ninguna otra clase.

Hay sitios on-line que crean un sentimiento de pertenencia a una comunidad. Y esto puede ser agradable para tener una charla en bata y zapatillas (o desnuda con algo de barro del mar Muerto en el escote. ¡Ojo con la webcam!)

Es también muy útil, por ejemplo, cuando cambias de lugar de residencia y el nuevo destino te es lejano y/o desconocido.

En estos casos especifica en la página del sitio web la zona donde prefieres conocer gente, cuelga tu perfil en el sitio y explica que te has mudado y que te encantaría conocer nuevos amigos en esa determinada zona. Puedes también señalar que te gustaría que te enseñasen los alrededores y te introdujesen en las costumbres y la cultura del lugar. (Sobre todo si dicho lugar es muy exótico y no has tenido tiempo de echarle una ojeada ni a la web oficial de la ciudad o país a donde te trasladas. Es un sistema que puede agilizar y facilitar tu integración en tu nuevo entorno y conocer gente que viva cerca de tu nuevo hogar.)

Sin embargo, si estás leyendo estas páginas, es más que probable que estés interesada en utilizar los sitios web de contactos para conocer hombres en los que puedas poner tus miras y tus energías románticas, más que para una charla informal en bata y zapatillas (¡no pongas la cámara, por dios!), o por sentirte parte de una comunidad no física.

La gran mayoría de los hombres y mujeres que entran a diario en estas salas virtuales de reunión tienen intereses románticos en el asunto (aunque muchos de ellos van con pies de plomo y lo niegan).

Veamos más detalles acerca del asunto.

PRIMEROS PASOS AL BUSCAR EN LA RED

Si estás a la caza del amor o del romance y crees que lo encontrarás en la red, o que hay al menos muchas posibilidades de que eso ocurra, deberías seguir algunos pasos básicos:

Crea un perfil que anime a los chicos adecuados a responderte. Supongo que no deseas crear un perfil al que respondan TODOS los chicos. Ya sé, ya sé; eso sería estupendo para tu ego. Pero verte inundada con cientos de mensajes de chicos y más chicos, la mayoría inadecuados para ti, será muy alentador pero fatal para tus nervios; resultará agobiante.

Así que echa a volar tu creatividad y escribe un perfil que te refleje y que describa tus gustos y tu forma de vida. Utiliza tu sentido del humor (amable, no ácido) y tu inteligencia para ello. No pongas datos falsos (edad, ciudad donde vives, si tienes o no hijos, si eres divorciada o soltera, etc.). Hazlo de forma que invite a que la gente quiera saber más de ti. Sé escueta pero clara, no des demasiados detalles y, sobre todo, nunca facilites aquí tu dirección, número de teléfono o cualquier otra seña particular.

Sé activa. Revisa a menudo los perfiles masculinos para localizar aquellos que te interesan, según los parámetros que son de tu gusto. Cuando estás falta de tiempo, funciona bien la táctica de esperar a que sean ellos los que te encuentren y vengan a ti, pero tomar parte activa en el asunto incrementa enormemente tus oportunidades de éxito. Matemática pura, encanto.

Recuerda que los perfiles son una visión muy personal (y, a menudo, distorsionada) de la gente, así que tómate cada uno de ellos con precaución: confía en tus instintos. Si un hombre parece demasiado bueno para ser verdad, seguro que es así. Si, por otro lado, te interesa un chico y no estás segura de por qué, mándale unas líneas sin dudarlo (no duele).

Evita —y esto es importante— decir en tu perfil que estás buscando tu alma gemela o el amor de tu vida. No aludas a la alegría que te causó asistir a la boda de tu hermana con su príncipe azul. Los hombres no querrán salir con una mujer que empieza presionando. Una cosa es que los chicos gusten de los retos y otra muy diferente que se metan de forma consciente en una relación exigente abocada al fracaso sin remedio. ¿Contestarías tú a un anuncio de un chico estupendo que te entrase diciendo que lo que busca es casarse cuanto antes?

No pases más tiempo del preciso chateando en la red. Pasa solo el que consideres necesario para sentirte segura si piensas que hay posibilidades de conexión entre vosotros. No es momento ni lugar para largos mensajes emotivos. Escribe siempre mensajes cortos, que incluyan detalles que permitan a ese chico hacerse una idea precisa de quién eres, pero sin abrumarlo con la historia completa de tu vida. Luego, cambia de plano y pasa a conocerlo personalmente tan pronto como te sientas dispuesta para ello (¡no te alargues!).

Doy por hecho que no quieres pasar un año chateando con él para descubrir, al cabo de todo ese tiempo, que no es tu tipo en absoluto. Si quieres sacar el máximo partido de tu experiencia virtual, tienes que minimizar tu inversión. Es decir, pasarás el menos tiempo posible ante la pantalla para poder pasar el máximo tiempo posible ante compañía real. Es más divertido, créeme. Y sensato.

Una vez que lo hayas conocido, la necesidad de seguir relacionándoos a través del universo paralelo ha terminado. Ahora estás en el mundo real. Tanto si habéis conectado —en cuyo caso querrás tener una segunda cita con él— como si no habéis conectado. Si no habéis conectado no estás obligada a seguir chateando con él, así que... ¡a por el siguiente!

Si habéis conectado, todo el tiempo que estés chateando con él será tiempo que perdéis de estar mirándoos arrobados en los ojos del otro.

Si sospechas algo raro o te sientes incomodísima por motivos indetectables, VETE sin dudarlo. Si el chico con el que (¡por fín!) has quedado se comporta de forma extraña, y algo difuso pero definitivo hace que tus alarmas salten, no necesitas preocuparte por una despedida educada y cordial. VETE sin más. En estos casos, la mejor despedida es *á la francaise*. (Si no se te dan bien, puedes decir que tienes que ir al *toilet* y salir pitando por la puerta de atrás).

Buscar y chatear en la red no es un fin en sí mismo, recuérdalo. Es únicamente un lugar más donde conocer nuevos chicos, montones de ellos; un lugar donde hombres y mujeres libres de ataduras sentimentales (casi siempre) esperan encontrar su alma gemela. Exactamente igual que en un bar o una discoteca, ni más ni menos. Pero con la ventaja de que la música no impide oír lo que te dicen. Una vez que has conocido a tu "proyecto" en persona, son aplicables todas las técnicas habituales de la conquista clásica "reglamentaria".

¿POR DÓNDE EMPIEZO A MIRAR?

Por supuesto, con solo meter "cómo seducir", "conocer hombres", "relaciones amorosas", "buscar pareja", "contactos" o "romance" en el buscador de cualquier motor de búsqueda (Google, etc.), se te desplegará un increíble número de links, todos ellos relacionados con esa búsqueda. Aquí van algunos de los más conocidos:

www.match.com

www.meeticaffinity.com

www.edarling.com

www.easyflirt.es

www.elmundodelsingle.com

www.nones.com

www.solterosdeviaje.com

www.Parship.com

www.personals.yahoo.com

En nuestro país, el espacio virtual de encuentros amorosos que más éxito ha tenido y sigue teniendo (porque lo están haciendo muy bien) es un sitio español: www.meetic.com.

Recuerda que no podéis convertiros en almas gemelas por Internet. Ahí solo podéis saber de la existencia del otro y tener un primer contacto. ¡Utiliza el sentido común y provoca una cita cuanto antes!

CELOS E INSEGURIDAD EN LA RED

Es un tema que nos amarga la vida en muchas ocasiones, y desde hace siglos. Creo que la peor desgracia que puede tener una mujer es ser celosa e insegura (van aparejadas por lo general). Estoy segura de que las mujeres en las cavernas ya sospechaban de sus hombres cuando salían a cazar para la cena y volvían a casa tres soles después sin un bisonte a las espaldas.

Puedo imaginar perfectamente a una de nuestras antepasadas sentada con sus vecinas alrededor de la fogata a la puerta de la caverna, gruñendo acerca de cómo su Picapiedra habría arrastrado por los pelos a una pilingui de otra tribu en lugar de estar cumpliendo con su deber: cazar *para ella* en lugar de cazar *a otra*.

En la más reciente historia antes de la existencia de móviles y tarjetas VISA o identificadores de llamada, una mujer tenía que encontrar manchas de pintalabios en el cuello de la camisa de su chico o un número de teléfono desconocido en el bolsillo de sus pantalones antes de empezar a sospechar que se enfrentaba a algo que no le gustaría.

Pero ahora que contamos con la tecnología punta de los ordenadores y las redes sociales que llegan a todo rincón del planeta, tenemos la posibilidad de ser nuestro propio detective y seguir los movimientos de nuestro chico. Y buscarnos con ello un interminable dolor de cabeza.

Podemos ver cuándo nuestro Adonis entra o sale de su perfil. Podemos comprobar una y mil veces si él ha modificado el suyo y ha quitado la señal de "disponible" cuando ha empezado a salir con nosotras. Podemos cotillear qué personas (mujeres, en realidad) han visitado su perfil y qué perfiles visita él. Una mujer que conozco, incluso, ha conseguido meterse en los correos privados de sus amantes y de algunas amigas (confesado por ella misma) cuyas vidas, por el motivo que sea, le parecen más interesantes que la suya propia.

Realmente, todas estas posibilidades de información pueden volver loca a cualquier mujer. Y lo hará contigo si no andas con la cabeza fría.

Antes de la tecnología, conocías a un chico, quizás en el gimnasio o paseando al perro, y él te pedía tu número de teléfono. Luego te llamaba y te pedía una cita. Tú accedías y pasábais un rato estupendo. Dos o tres días después él volvía a llamarte y te decía que la otra noche en tu compañía había sido magnífica, y te pedía otra cita. Entonces tú pensabas: "Uy, parece que le gusto a este chico". Y te ponías muy contenta ante la posibilidad de que él fuese realmente material "seducible", porque también habías pasado un magnífico rato con él.

Pero en la actualidad las cosas son algo distintas, incluso en un escenario casi idéntico. Gracias a toda la tecnología que hay ahora a nuestra disposición.

Digamos que conoces a un chico en el gimnasio o paseando al perro. En cuanto llegas a casa te metes en Google y compruebas si aparece su perfil en alguna de las redes sociales, seguramente en Facebook. Si lo que ha escrito en su perfil parece adecuado y divertido, esperas ansiosamente a que te llame. Te llama y tenéis una cita fantástica. Te llama de nuevo un día o dos más tarde (tú dejas que salte el contestador automático la primera vez) y te deja un mensaje. En él dice que pasó un magnífico rato contigo y te invita a volver a salir el jueves. Tú le contestas por sms: "nkntada tbo juevs". Os véis un par de veces más porque te gusta, y esperas que no esté viendo a otras mujeres.

Y para asegurarte de ello empiezas el proceso loco de averiguar *on line* sus movimientos. Aunque es muy probable que lo hayas hecho ya después de la primera cita con él. Primero compruebas su estatus en su perfil (¿ha cambiado de disponible a no disponible?¿lo hará pronto?), luego qué tipo de chicas son las que escriben en su "muro" *y qué escribe él.*

Si no te gusta su aparente comportamiento virtual te sientes estafada, frustrada y posiblemente enfadada; así que dejas de tener contacto con él antes de que tenga la ocasión de hacerte daño.

Si tu actual situación es la que acabo de describir, reflexiona antes de actuar. ¿Conoces la insigne frase del poeta italiano Giacomo Leopardi? Bueno, pues este sabio varón declaraba que la felicidad está en la ignorancia de la verdad. Y yo te recomiendo que elijas la felicidad.

Esto significa que dejes de comprobar en la red las idas y venidas de tu chico (al menos por ahora). Y hablo en serio.

Si lleváis saliendo solo un par de meses, por ejemplo, en mi humildísima opinión *ambos* deberíais seguir viendo a otras personas hasta que hayáis pasado juntos el tiempo necesario para estar seguros de que tenéis lo que desea y necesita el otro de una pareja. Los beneficios de dejar tus opciones abiertas son incontables.

Y luego, *después de haber estado saliendo más tiempo y haber decidido de mutuo acuerdo la exclusividad*, si descubres que su perfil aparece como "disponible" en la red, entonces, y solo entonces, tienes todo el derecho a decir algo al respecto.

Y esto no significa ponerte hecha una fiera y largarlo sin más, sino tener una calmada conversación, racional y adulta, en términos del estilo de "ahora que hemos acordado tener una relación exclusiva el uno con el otro, creo que nuestros perfiles en la red deberían reflejarlo, ¿no crees?". Él no puede estar en desacuerdo con eso (y si lo hace, ese hombre es, definitivamente, material desechable en tu vida). Recuerda siempre que las acciones dicen mucho más que las palabras (especialmente en el caso de los chicos, como ellos mismos confiesan).

En este momento, las acciones de tu chico (si te está presentando a todos sus amigos como su novia, si te invita a la fiesta de Navidad de su empresa, etc) están haciendo precisamente eso: hablar más alto que cualquier palabra que aparezca en su "muro" (disponible).

Y a riesgo de parecer pesada una vez más: el más importante componente de la confianza es tener la suficiente en ti misma y creer sinceramente que mereces ser tratada bien y ser amada de forma incondicional.

VALOR Y ¡¡AL TORO!!

Para muchas personas, el reto más difícil en este campo de los intereses románticos virtuales es el hecho de publicar un perfil con foto y datos personales.

La solución a esto *NO* es publicar un perfil sin foto o con datos insuficientes. Si lo haces, quienes lo vean asumirán que tienes algo que esconder. ¿La consecuencia directa? Las posibilidades de que conozcas gente interesante —chicos— caen en picado de forma proporcional.

Sería bueno para ti que tomaras la decisión de *nunca* quedar con nadie que no haya colgado su foto en el perfil y dé unos datos más que claros, para que puedas hacerte una idea de con quién te las vas a gastar.

Rechaza de plano a cualquiera de ellos que te contacte y no haya colgado su foto. Aunque te digan que son altos ejecutivos cuyos negocios podrían sufrir y salir perjudicados por el hecho de que aparezcan sus fotos en la red, no aceptes mantener contacto con ellos. No te hagas cargo emocionalmente de sus negocios y pasa al siguiente *con* foto. No necesitas arriesgarte.

Dado que este sistema de contactos tiene sus riesgos innegables, yo me siento más segura quedando únicamente con hombres que no se avergüenzan de utilizar estas páginas de contactos ni eluden el hecho de publicar su fotografía y un buen perfil personal en ellas. Con los que parecen tener algo que esconder, o de lo que avergonzarse, me pica mucho la nariz. Y es incomodísimo.

Te recomiendo que tú hagas lo propio. No te escondas ni te avergüences, pues el "equipo contrario" lo intuirá. Sé honesta acerca de tu edad, estado civil, peso y "antigüedad" de la foto que publiques en tu perfil.

Piensa que cuantas más personas de las que utilizan estos servicios sean honestas y transparentes (con los límites sensatos que impone el hecho de entrar en contacto de forma virtual), mejor reputación tendrán estas páginas y más personas de estas mismas características entrarán en ellas (beneficios para nosotras: más "enemigos" a conquistar).

A mí me encanta este sistema para conocer chicos estupendos, y espero que te aficiones a ello tú también. ¡Hay muchos hombres fantásticos ahí que están esperando conocer a una mujer como tú!

Pero... ¡Ojo!

Si te estás preguntando si estas páginas tienen su lado oscuro, te diré que sí. No quiero engañarte. Muchas personas buscan únicamente escarceos rápidos y cortos, y hay sitios en la red que acogen a este tipo de gente en concreto.

Otras personas que se dan de alta en estos servicios están casadas y tienen la intención de seguir estándolo muuuuuucho tiempo más. Lo que quieren es contemplar las opciones que tienen, o vivir una historia extra conyugal discreta y sin problemas. Por supuesto, y por desgracia, casi ninguno te lo dirá hasta que sea demasiado tarde (o sea, después de haberte acostado con/enamorado de él).

Así que, sí; como en todas partes, aquí también hay chicos malos. Mentir por escrito siempre es más fácil que mentir en persona. Y por ello necesitas asegurarte bien antes de tragarte su historia (o tragarte algo peor).

Todas las páginas de contactos tienen sus propias medidas de seguridad y consejos sapientísimos sobre cómo manejarse en este mundillo. Léelos –incluso apréndetelos– y te sentirás más cómoda y segura. Toma las debidas precauciones y sólo tendrás motivos de alegría.

Y ahora, me gustaría compartir contigo frases encantadoras que me han dicho hombres encantadores y otras que les han dicho a mis amigas y ellas han compartido conmigo de forma generosa para este libro.

Todas estas frases que ahora comparto contigo, absolutamente todas, dicen algo importante acerca de lo que es importante para ellos.

Pasa la página y déjate sorprender... agradablemente.

Capítulo 18

Frases reveladoras de hombres valientes

Estas son frases que algunos hombres valientes se atrevieron a decir a la mujer con la que tenían una relación romántica en ese momento.

A veces nos las han dicho para darnos una lección y es cierto que a veces ha sido con mala uva. Pero otras muchas han sido dichas con el simple y generoso talante de informarnos de cosas que ellos consideran que debiéramos saber acerca de su forma de pensar y sentir. A pecho descubierto. Que también los hay muy valientes, ¿eh?

Todas estas frases que ahora comparto contigo, absolutamente todas, dicen algo importante acerca de lo que es importante para ellos.

1. ¿Por qué tendría que recordarte que te quiero? Ya te lo dije en una ocasión. Y sigo aquí, ¿no?
2. Haré cualquier cosa a cambio de lo que más deseo (sexo, dinero, trabajo o familia), incluso comprometerme contigo.
3. A veces necesito que me digas no. De vez en cuando, no muy a menudo, recuérdame lo mucho que vales.
4. Cuando estás enfadada conmigo, mis ojos ven a las otras mujeres con mucha más facilidad.
5. Me da miedo dejar que una mujer conozca mi corazón pues eso le daría poder sobre mí.
6. Si hiciste algo que me dolió enormemente y no hablo de ello es que estoy considerando el marcharme de tu lado.

7. Odio que me digas lo que tengo que hacer si no te he pedido ayuda; me recuerdas a mi madre.
8. Pero siento que confías en mí cuando me pides consejo sobre cualquier cosa.
9. Puede que seas una experta en moda, pero me gustaría que te vistieras para mí en lugar de hacerlo para las otras mujeres.
10. Odio cuando minimizas o ignoras mis cumplidos, o cuando dices que no te los hago sinceramente.
11. Si te acuestas conmigo muy a menudo puede que un día me case contigo, pero me siento menos motivado a hacerlo.
12. Cuando tenemos sexo mis orejas son tan sensibles a tus palabras como lo es tu piel a mis caricias.
13. Cuando hablas con suavidad no puedo evitar escucharte con atención.
14. Cuando eres feliz no puedo evitar el deseo de complacerte.
15. Cuando estoy enfadado necesito un tiempo para mí. Así no diré algo doloroso de lo que luego me arrepienta.
16. Si estoy perdiendo pelo no es divertido. ¿O te gustaría que yo bromeara con tu peso?
17. Necesito alguna señal o pista para acercarme a ti. ¿Y si resulta que estás casada?
18. Para mí es más importante ser respetado que ser amado.
19. Cuando estoy enfadado soy muy sensible al tono de la conversación, y es más importante cómo me lo dices que lo que me dices.
20. No siempre sé cómo me siento, por eso no te lo digo.
21. Si digo una cosa y hago otra fíate siempre de mis acciones; ellas te dirán siempre lo que hay en mi corazón.

Y la más bonita y reveladora de todas:

Te sorprendería saber cuán rápido puedo perdonar

¡Si es que son un encanto! Por eso me gustan a rabiar todos ellos. En fin.

Despedida y Cierre

Espero que hayas disfrutado de este manual; practica alegremente sus consejos y pronto notarás cómo cambia el mundo de tus relaciones amorosas... Porque has cambiado tu actitud. No hay más trucos ni más misterios, te lo aseguro.

Por supuesto, después de encontrar tu don Ideal, es otra canción el mantener la relación en su punto óptimo. Pero la buena noticia es que eso tampoco es asunto del azar, sino tuyo (como casi todo en tu vida). Supongo que será tema para otro libro, una buena excusa para volver a pasar otro rato juntas, si te place.

Si quieres compartir tus experiencias, escríbeme a: luci@comoseducir.es

Si quieres estar al día con los nuevos descubrimientos sobre nuestro tema favorito (los chicos), visita mi página web: www.comoseducir.es, un auténtico *laboratorio de hombres*. O "postea" en mi blog www.lucicollantes.com sobre tus propios descubrimientos acerca de los hombres de tu vida; es posible que compartiéndolos ayudes a otras mujeres seductoras de la gran comunidad de ***SexMode***.

Y recuerda: por encima de todo ¡diviértete!

Te auguro una larga y fructífera vida de conquistas.

BIBLIOGRAFÍA

BEHRENT, Greg and Liz Tucillo: *He´s just not that into you*. Simon Spotlight Entertainement, 2004.

BOB Grant LPC, 2006: *The woman men adore... And never want to leave*.

BRISTOW, Wendy: *Sin pareja y feliz*. Oceano Grupo Editorial, 2001.

BRIZENDINE, Dra. Louann: *El cerebro femenino*. RBA Libros, 2006.

BRIZENDINE, Dra. Louann: *El cerebro masculino*. RBA Libros, 2010.

BRUSH, Stephanie: *Hombres*. Ediciones Temas de Hoy, 2000.

COHEN, Arianne: *The sex diaries project*. Vermilion-Ebury Publishing, 2011.

GREEN, Robert: *El arte de la seducción*. Espasa Calpe, 2001.

LUNA, Mario: *Sex Code*. Nowtilus, 2007.

MCMEEKIN, Gail: *12 Secrets of highly creative women: A portable mentor*. Conari Press, 2000.

MOLINA, Vis: *Seductoras*. Grup Editorial 62, 2009.

PEASE, Barbara y Allan: *Por qué los hombres mienten y las mujeres lloran*. Amat Editorial, 2002.

SHAPIRO, Dra. Joan: *Hombres*. Ediciones Altaza, 1995.

UNICA Design Ltd., 2005: *Seduction Genie*.

MIS NOTAS PERSONALES:

www.ingramcontent.com/pod-product-compliance
Lightning Source LLC
LaVergne TN
LVHW010927110826
845149LV00013B/2504